© Foto: Daniel Spehr

**Gerd Arthur Haisch,** freischaffender Kommunikations- und Verkaufsberater, Gewinner des Schweizer Verkaufsförderungs-Preises. Als Fachjournalist und Privatdozent an Fachhochschulen sowie Prüfungsexperte der Schweizer Werbewirtschaft hat Haisch das Marketinginstrument Verkaufsförderung während Jahrzehnten thematisiert und in seiner Agentur für Werbung und Promotion erfolgreich umgesetzt. Die Werbung versteht er als Verkaufshandwerk, entsprechend unverkrampft ist seine Beziehung zu den Erfordernissen der Produzenten und des Marktes.
Der Autor lebt in Basel und Negombo.

Vom selben Autor erschienen:
– Verkaufsförderung kreativ,
  Fachmed Verlag St. Gallen
– Königsdisziplin Verkaufsförderung,
  Orell Füssli Zürich
– Promotions-Aktionen 1,
  Verlag Moderne Industrie Mannheim
– Promotions-Aktionen 2,
  Verlag Moderne Industrie Mannheim
– Promotions-Erfolge aus der Praxis,
  Moderne Industrie Mannheim
– Fallstudien für Verkaufserfolg,
  W & P Basel
– Stereoskopische Fotobücher
– Reisejournale

Konsumunlust. Nachfragerückgang. Übersättigung. Mehrumsatzaxiom. Konkurrenzlawine. Warenflut. Informationsüberlastung. Zapperkunden. Müde Marken, satte Märkte – wie soll einer da noch ohne Mutlosigkeit, Resignation und Frustration verkaufen können?

Die Fakten verlangen nach einer Überprüfung liebgewordener Denkweisen und unscharfer Instrumente. Dabei mausert sich das einstmalige «Schmuddelkind» des Marketing zum Hoffnungsträger. Denn die Verkaufsförderung eignet sich nicht nur hervorragend für das Event-Marketing, sondern ist sie für das Marketing selber zum Event geworden. Das hat seine Ursache in der Vielfalt ihres Aktivierungspotentials. Zudem lässt sie sich attraktiv mit anderen Marketinginstrumenten vernetzen.

# Aspekte der Verkaufsförderung

Wenn wir nichts zu sagen haben, singen wir es.

**Gerd Arthur Haisch
Aufsätze und Vorträge.
Und wie es zu machen geht.**

© Gerd Arthur Haisch, 1995, 2013

Diese Publikation ist auch digital erhältlich
www.fachtexte.net, 2013

Herstellung und Verlag:
BoD – Books on Demand, Norderstedt
ISBN 9783732253852

Hinweis
Die Erstversion dieses Buches erschien 1995 als «Königsdisziplin Verkaufsförderung» bei Orell Füssli Zürich in der Reihe «Management Heute» und ist vergriffen. Alleiniges Copyright und sämtliche Nutzungsrechte liegen beim Autor, auch die für fremdsprachige Übersetzungen und elektronische Medien. Ungekürztes Zitieren der vorliegenden Fachtexte ist bei Quellenangabe frei.

# Inhaltsverzeichnis

**Vorwort**   9

TEIL EINS
**Grundsätzliches
zur Verkaufsförderung**
*Wenn wir nichts zu sagen haben, singen wir es*   11

Vom Schmuddelkind zum Lieblingsteddy   12
Die Streitfrage vom Huhn und vom Ei   22
Verkaufsförderung ist Animation   26
Handel erwacht, Verbraucher lacht   44
Am Menschen kommt keiner vorbei   49
Zum Selbstverständnis der Verkaufsförderer   54
Je abgegriffener die Pflicht, um so bedeutsamer die Kür   61
Der Weg zum Verkaufserfolg, Fegefeuer oder Paradies?   68

TEIL ZWEI
**Spezielles zur Verkaufsförderung**
*Hermeskomplexe sind am Ort der Handlung hinderlich*   79

Erlebnisbühne für Marken-Revitalisierung   80
Die selbstangelegten Fesseln des Fachhandels   87
Der Laden ist das Medium   98
Umsatzlokomotive Packung   105
Sinn und Unsinn des Give-away   111
Messen sind Motoren   117

TEIL DREI
**Noch mehr Spezielles zur Verkaufsförderung**
*Verkaufen ist nicht Technik, sondern Haltung*   129

Verkaufsförderung ist konzertierte Aktion   130
Personalisiertes Marketing tanzt auf allen Hochzeiten   145
Erfolgreiche Werber sind erfolgreiche Verkäufer   156
Der Käufermarkt ist längst zum Verkäufermarkt mutiert   166

TEIL VIER
## Wie geht's zu machen 171

*A, die Extras* 172

Bemusterungen 173
Coupons 174
Degustationen, Demonstrationen 175
Events 177
Gutscheine, Bons 178
Kombipacks 179
Merchandising 180
Multipacks 181
Packungen 182
Prämien 184
Sammelpunkte 185
Selfliquidators 186
Sponsoring 188
Preisreduktionen 190
Wettbewerbe 191
Zugaben 193

*B, die Aktionswerbung* 194

Ziele, Zielgruppen 195
Ladenwerbung 197
Displays 199
Schaufenster 201

*C, die Planung* 202

Vorgehen 203
Budgetierung 204
Kontrollen 205

*Buchbesprechungen* 207

# Vorwort

Konsumunlust. Nachfragerückgang. Übersättigung. Mehrumsatzaxiom. Konkurrenzlawine. Warenflut. Informationsüberlastung. Zapperkunden. Müde Marken, satte Märkte – wie soll einer da noch ohne Mutlosigkeit, Resignation und Frustration verkaufen können?

Die Fakten verlangen nach einer Überprüfung liebgewordener Denkweisen und unscharfer Instrumente, bei der sich das einstmalige Schmuddelkind des Marketing zum Hoffnungsträger mausert: Dass die Verkaufsförderung sich nicht nur hervorragend für das Event-Marketing eignet, sondern für das Marketing selber zum Event geworden ist, hat seine Ursache darin, dass sie sich mit der Vielfalt ihrer aktivierenden Möglichkeiten hervorragend zur Revitalisierung eignet und attraktiv mit andern Marketing-Instrumenten vernetzen lässt.

Allen Anbietern und Abnehmern, ihren Marketern, Productmanagern, Verkäufern, Einkäufern, Beratern, Werbern, Gestaltern, wünsche ich, dass sie hier Anregungen, Beispiele, Anleitungen dafür finden, wie sie schwierige Produkte in schwieriger Zeit in schwierigen Märkten so hinein und hinaus verkaufen können, dass sie nicht nur Erfolg, sondern auch Spass haben.

Und Spass machen. Denn Verkaufsförderung hat eine hohe Animationsqualität, die Käufern von Konsumgütern und Kunden im Business-to-Business gleichermassen entgegenkommt. Denn wo man schon alles hat, alles kennt und alles weiss, lässt man sich häufiger von sensual-emotionalen als von rationalen Kaufmotiven leiten. Oder wie Rumpelstilzchen sagt: «Etwas Lebendiges ist mir lieber als alle Schätze der Welt!»

*Gerd Arthur Haisch*
*Basel und Negombo, 1995, 2013*

## Teil eins

# Grundsätzliches zur Verkaufsförderung

*Wenn wir nichts zu sagen haben, singen wir es*

*Immer wieder schreibt das Leben Geschichten vom hässlichen Entchen, das sich in einen herrlichen Schwan verwandelt (wo in diesem Buch die männliche Sprachform verwendet wird, gilt diese sinngemäss auch für weibliche Personen). Eine sehr wirkungsvolle Variante handelt von der Verkaufsförderung, die sich zu einer Königsdisziplin des Marketing entwickelt hat. Sie wird zum Leader im Marketingmix überall dort, wo Marketer, Verkäufer, Promotoren und Werber die richtigen Antennen für geänderte Märkte haben.*

## Vom Schmuddelkind zum Lieblingsteddy

Lange Zeit litt die Verkaufsförderung unter einem eher negativen Image. Zum Teil mit Recht, war sie doch auch Tummelfeld von Stümpern. Zum anderen Teil war Verkaufsförderung schon immer besser als ihr Ruf: Auch auf diesem Spezialgebiet konnten sich nämlich Professionalität und guter Geschmack durchsetzen. Nun zeichnet sich eine stetige Entwicklung zum Besseren ab: Verkaufsförderung ist dabei, sich in einen Hoffnungsträger der Unternehmen zu verwandeln, und wir werden es noch erleben, dass man es schick findet, sich am Verkaufsregal die Finger schmutzig zu machen.

Diese Thesen haben prognostischen Charakter, und sie werden von einem Praktiker des Metiers formuliert. Deshalb besteht die Möglichkeit, einer Wunschprognose aufzusitzen, und selbst wenn man sich dessen bewusst bleibt, sind Orakel wegen des schnellen Wandels unserer Zeit ein abenteuerliches Geschäft.

Wie ist der Status quo, welche Entwicklungen haben ihn herbeigeführt, mit welchen Szenarien ist aufgrund der zu erwartenden Tendenzen zu rechnen? Das Zutreffen jeder Prognose hängt von der Frage ab, ob die Menschheit ihre Aufgaben machen, die Probleme lösen kann, bevor sie von ihnen überwältigt wird: Umweltzerstörung, Bevölkerungsexplosion, Nord-Süd-Konflikt, West-Ost-Wettstreit, Konjunktureinbrüche, Gefahr von Atomdesastern, Arbeitslosigkeit, Deregulierungen, gesellschaftliche und technologische Umwälzungen – zum interaktiven Fernsehen, zur Informationsgesellschaft, zum globalen Dorf.

**Die grossen Freiheiten**

Doch davon abgesehen, zeigt schon die gegenwärtige Entwicklung, dass auf dem Gebiet der Verkaufsförderung vieles in Bewegung kommen wird, wer mitzieht, kann attraktive Möglichkeiten nutzen und sich seinen Vorsprung sichern. Indessen wird der Stellenwert der Verkaufsförderung davon abhängen, wie es den Machern gelingt, in der Wechselbeziehung mit den übrigen wirtschaftlichen Teilbereichen und deren Entwicklungen den aktiven Part zu übernehmen.

Neue Perspektiven eröffnet der Binnenmarkt der Europäischen Union mit seinen fünf grossen Freiheiten des Waren-, Informations-, Dienstleistungs-, Kapital- und Personenverkehrs: ein Mammutmarkt mit 320 Millionen Konsumenten, der das Nachfragepotential zum Beispiel Japans um das Dreifache überflügelt und die USA auf Platz zwei verweist. Es liegt auf der Hand, dass ein solch stimulierendes Umfeld allein von seinem Volumen her einem so dynamischen Marktbearbeitungsinstrument wie der Verkaufsförderung exzellente Chancen zu bieten hat. Möglichkeiten, die vor allem die internationalen Labels wahrnehmen werden, von denen aber auch die Dynamik in den nationalen Märkten profitieren wird.

Globale Konzepte werden vor allem dank der Masse der eingesetzten Mittel wirken. Daneben scheint die Abstimmung des Mitteleinsatzes auf spezielle Märkte nur eine zweitrangige Rolle zu spielen. Als Folge des expandierenden internationalen Marketings wird aber das nationale intensiviert: Den von aussen wirkenden Anstrengungen werden im Zuge einer folgerichtigen Reaktion entsprechende Kräfte im Inland entgegengesetzt, wenn sie sich nicht sogar mit ihnen verbünden.

**Aufbruch ist Bewegung**

Eine uns vertraute Marketingära neigt sich ihrem Ende zu, während sich die Konturen einer neuen noch nicht verdeutlicht haben. Orientierungslosigkeit mit zunehmender Bedeutung der Markenautorität bleibt die Folge. Aber auch dieses Szenarium ist nicht das endgültige. Der vielbeschworene Zeitgeist wird sich weiter wandeln, die globale Annäherung und Verkettung zunehmen, und darum können schon zur Jahrtausendwende heute noch nicht absehbare Veränderungen in

Märkten und Gesellschaft ihre eigene Dynamik entwickeln. Dann werden die Marktstrategen sich einmal mehr vor die Alternative «Neuer Aufbruch» oder «Grosse Ratlosigkeit» gestellt sehen. Ratlosigkeit aber führt von irgendwo nach nirgendwo – Aufbruch ist Bewegung, die bewegt!

Immer dann, wenn in Zeiten raschen Wandels konventionelle Marketingmethoden und Werbemittel an die Grenzen ihrer Wirksamkeit stossen, können Umsätze und Märkte durch zusätzliche Leistungen und Anreize gehalten und erweitert werden – auch durch die Extras der Verkaufsförderung, die den Konsum stimulieren helfen. Deshalb dürfte für den Verkaufsförderer der Zukunft weniger der Massenkonsum ein Thema sein – das Massenprodukt lässt sich durch Gewöhnung in den Markt drücken, rührt man die Werbetrommel nur oft und laut genug –, die Verkaufsförderung könnte sich als eigentliche Dienstleistung vom Alltags- und Breitenkonsum weg zum Qualitäts- und Hochpreiskonsum hin orientieren (siehe das zunehmende Interesse am Einzelstück, am Unikat), die Sortimente würden sich neu definieren und strukturieren.

Wie erklärt sich die Verlagerung der Verkaufsförderungstätigkeit von den Primär- zu den Sekundärbedarfsgütern? Auch sie wird von gesellschaftlichen Veränderungen verursacht: Mit steigendem Lebensstandard in der Wohlstandsgesellschaft nimmt die Kaufkraft der immer grösser werdenden Gruppen der Singles, der Yuppies und der Senioren zu. Gleichzeitig wird sich das mit Strategien der Verkaufsförderung erreichbare Konsumentenpublikum auch deshalb vergrössern, weil sich die herkömmlichen Zielgruppenabgrenzungen verwischen oder überlagern. An liebgewordenen soziodemographischen Abgrenzungen wie Jungen und Alten, Städtischen und Ländlichen, Frauen und Männern, Intellektuellen und Arbeitern usw. kann sich der Marketer nicht mehr festhalten.

**Seine Majestät der Kunde**

Parallel zur Vereinheitlichung auch des Geschmacks werden sich immer mehr Individualismen ausbilden, besonders was den Konsum angeht. Ob es sich dabei um Individualismen aus der Sicht des Psychologen, des Soziologen oder des Ökonomen handelt, macht für die Verkaufsförderung keinen Unterschied.

Als weitere wichtige Tendenz gibt es im Operationsfeld der Verkaufsförderung die bereits begonnene Aktivitätsverschiebung vom Consumer-Business zum Business-to-Business, vor allem im Bereich der technischen Güter. Im Sektor der Investitionsgüter ist bei der Verkaufsförderung mit zunehmender Professionalisierung zu rechnen. Eine deutliche Zunahme verkaufsfördernder Aktivitäten ist ebenfalls bei Organisationen, Dienstleistungsbetrieben und vor allem in der öffentlichen Verwaltung zu erwarten: Hier müssen die Verantwortlichen erst noch lernen, ihr Angebot ohne schlechtes Gewissen – der Souverän! die Steuergelder! – zu verkaufen.

Eine weitere Entwicklung ist die Zunahme von Selbstbewusstsein und Autonomie des Konsumenten. Was sich die Werber schon lange gewünscht haben, nämlich mündige Konsumenten, werden wir in kürzester Zeit in vielleicht sogar unbequem werdendem Ausmass haben. Seiner Majestät dem Kunden wird es überlassen sein, das Was und Wieviel, das Wie, Wann und Wo zu diktieren.

Die Impulse für neue Themen, Inhalte, Verpackungen, Approaches werden ausserhalb des Ökonomischen geboren und wirken von aussen auf Märkte und Anbieter. Daraus folgt, dass sich Dienstleistungen und Produkte an Kultur, Werte, Puls, Stil und Sprache der Zeit zunehmend schneller anzupassen haben (z. B. «ethische» Produkte wie – entsprechend gekennzeichnete – Textilien aus Sri Lanka, die unter akzeptablen Arbeitsbedingungen hergestellt wurden, oder farblose «kristallklare» Abwaschmittel und Süssgetränke).

Kommt hinzu, dass in der modernen Gesellschaft Vereinzelung, Egoismus und damit Gleichgültigkeit zunehmen. In steigendem Masse könnten es Werber und Verkaufsförderer mit Ansprechpartnern zu tun haben, die für die kommerziellen Produktenachrichten und die Aussenreize der Animationsextras weniger empfänglich sind. Für den Kollegen aus der Werbung kommt erschwerend hinzu, dass nicht nur das individuelle Konsumverhalten unberechenbar wird, sondern auch das Informationsverhalten im Umfeld zahlreicher neuer Medien.

**Vom Haben zum Sein**

Entsprechend schwieriger wird sich die Wahl der geeigneten Instrumente zur Marktbearbeitung gestalten. Der Druck, den direktesten

Weg zu den Verbrauchern zu nehmen, wird zunehmen und in der Folge auch die Spezialisierung in der – kundenzentrierten – Verkaufsförderung: mit 2.4 Milliarden Franken Anteil am Marktkommunikations-Total (Schweiz) hat sich das Direkt(kontakt/verkaufs)marketing schon heute verselbständigt und leider oft auch abgekoppelt. Doch die Werbeagenturen werden auch hier federführend bleiben, sofern sie an ihrem Selbstverständnis feilen und auch weiterhin über das Kreationsmonopol verfügen.

Der neue Konsument wird über immer mehr Zeit frei verfügen können. Dass sich die Bevölkerung der Industrienationen damit zu Freizeitgesellschaften entwickelt, eröffnet der Verkaufsförderung zusätzliche Aktionsfelder und ermöglicht ihr den Einsatz neuer Strategien und Instrumente. Mit der zunehmenden Bedeutung der Freizeit nehmen auch die – scheinbar – nichtkommerziellen, gesellschaftsbezogenen und kulturellen Aktivitäten der Unternehmen zu, sofern es der Cashflow erlaubt. Mäzenatentum und Sponsoring gewinnen an Bedeutung und werden zielorientiert und resultatbezogen eingesetzt (wie etwa die aktuelle «Bally Culture», eine vernetzte Strategie von Komponenten aus Konzert- und Nachwuchs-Sponsoring, Werbung, Verkauf, Mitarbeitermotivation).

**Label sei Dank!**

Nimmt unsere Mobilität noch zu oder wird sie aus Umweltschutz- und anderen Gründen eingeschränkt werden (die EDV ermöglicht den Arbeitsplatz zu Hause), vielleicht sogar gesetzlich? Auch diese Überlegungen müssen wir in unser Zukunftsmodell einbeziehen, denn wo mehrere Varianten denkbar sind, gilt es, für jeden Fall die richtige Konzeption in der Schublade zu haben.

Ein «im Vorfeld des Wassermann-Zeitalters» im Zunehmen begriffener gesellschaftlicher Trend ist die Abkehr vom Materiellen hin zum Spirituellen, vom Haben zum Sein. Daraus resultiert Zurückhaltung beim Kompensationskonsum oder zumindest bewussteres Konsumieren. (Keine Bange: Der Verkaufsförderer reagiert darauf mit dem Hervorheben der Bereicherung des Seins durch den Erwerb des zu fördernden Produktes.)

Naturgemäss sind Dienstleistungen gegen den Verdacht des Haben-Wollens immun, ihr Anteil am Produkt sollte herausgehoben werden. Die Werber haben längst damit begonnen, einen ideellen Wert mit hochstehenden Markenprodukten zu verbinden und mitzuverkaufen, da sich auch erstklassige Konkurrenzprodukte sonst kaum noch voneinander unterscheiden – Label sei Dank!

Unaufhaltsam verwirklicht sich auch die von Speicherkapazitäten vorangetriebene Kommunikationsgemeinschaft. Zwar scheint sie den einzelnen einsamer zu machen, aber bereits sind neue Formen elektronisch vermittelter Gemeinschaften im Entstehen. Besonders hier werden sich neue Produkt- und Distributionsideen Märkte schaffen, die der aktiven Bearbeitung harren.

**Das Entrecôte ist das Erlebnis**

Gleichwohl wird sich der Mensch nach authentischen Erlebnissen sehnen. Verkaufsförderung sollte demgemäss Vorstellungswelten und Erlebnisse produzieren oder versprechen: Das Entrecôte nicht mehr bloss auf einem Bild oder ungekocht in natura gezeigt – live gebrutzelt wird es riechbar, schmeckbar, greifbar, das heisst erlebbar gemacht. (Dass wir einmal Vertreter mit einem Biskuit-Duftspray an die Kuchenregale hetzten, damit sie eine Cake-Einführung erfolgreicher machten, wage ich kaum zu gestehen.)

Aber auch die Tatsache, dass sich die europäischen Nationen immer stärker internationalisieren, wird in der Verkaufsförderung eine Rolle spielen. Schon heute sind vielerorts mehr als zwanzig Prozent der Wohnbevölkerung Ausländer, und viele kamen aus anderen Sprach- und Kulturkreisen zu uns. Kein Wunder, müssen Verkaufsförderungsmassnahmen anschaulicher werden, damit sie von Konsumenten unterschiedlichster Herkunft decodiert und verstanden werden.

Eine weitere markante Veränderung, die den professionellen Verkaufsförderer fordern wird, zeichnet sich bei dessen Auftraggebern ab: Immer mehr Manager sind gleichzeitig wieder Firmeninhaber. (Zudem gab es nicht nur «das Jahrzehnt der Konkurse», sondern auch «das Jahrzehnt der Firmengründungen».) Mit dieser Situation umzugehen setzt einerseits ein grösseres Mass an Kompetenz, Verhandlungsgeschick, Motivationstalent, Überzeugungskraft und auch Kreativität voraus.

Andererseits können Entscheidungen effektiver gefällt werden, wenn Verhandelnder und Bevollmächtigter dieselbe Person sind, denn ohne im Monatslohn angestellte Risikoverhinderer lässt sich in schnellen Märkten wieder schneller operieren.

**Weg von der Einwegkommunikation**

Und wie steht es mit dem Stellenwert der neuen Medien? Das Angebot wächst rasant, die Bereitschaft, sich ihrer zu bedienen, nimmt mit dem Nachrücken nachwachsender Generationen und dem weiteren Ausbau der Kommunikationsinfrastruktur zu. Internet einerseits und Lokalfernsehen andererseits, Videotext, Teletext, Telefax erhalten – wie zuvor das Telefon – auch in der Verkaufsförderung einen wachsenden Stellenwert. Elektronische Litfasssäule, Mailbox, Bildschirmtext, CIM sind die Begriffe, an die sich der Verkaufsförderer gewöhnen muss, um die Chancen dieser Einrichtungen wahrzunehmen (wenn es schon stimmt, dass in der Werbung das Medium die Botschaft sei, dann ist es in der Verkaufsförderung der Verkäufer).

Mehr und mehr gelangen ungeahnt dynamische, dialogfähige Präsentationen via digitales Datennetz auf den Bildschirm des Computers, der nächstens schon wie die CD-Player in den meisten Haushalten stehen wird. Das Teleshopping dürfte sich rasant entwickeln. Es werden Rückkopplungen zu programmierbaren Produktionsanlagen möglich sein, so dass beispielsweise der Autokäufer das Fahrzeug, das er sich aus dem Angebotsbaukasten des Herstellers konstruiert hat, selbst vom Fliessband abrufen kann. Sofortige Optimierung und Kostenberechnung von Dienstleistungspaketen ermöglichen dem Kunden schnelle Entscheidungen und dem Anbieter sofortigen Abschluss. Auch hier ist Hochsaison für die Innovativen und Kreativen – samt den Visualisten und «Verpackungskünstlern», deren Berufsbilder sich rasant verändern werden, auch wenn sich viele Grafiker noch auf Tauchstation verstecken.

In der Kommunikation mit dem Markt und speziell in den verkaufsfördernden Aktivitäten wird sich die Abkehr von der Einwegkommunikation und die Hinwendung zu Dialog und reaktionsorientierter, personalisierter Kommunikation markant verstärken. Allerdings melden die Verbraucher in bestimmten Bereichen konventionell gewordener elektronischer Medien bereits Überdruss an. Hier könnten sich die Erfolgschancen reduzieren – das mittlerweile vielgeschmähte Telefonmarketing (was nichts anderes meint als Telefonverkaufen) wird sich aber bei beratungsintensiven Gütern und im Bereich – besonders öffentlicher – Dienstleistungen gut halten. (Die Anrufe des charmant parlierenden Châtelain von diesem burgundischen Château, die mich zum Massenweinkauf animieren wollten, werden mir dennoch fehlen.)

**Wachstumsbranche**

Welche Tendenzen sind nun von all diesen, teils erst im Ansatz vorhandenen, zum Teil schon recht fortgeschrittenen Entwicklungen zu erwarten? Ein in Amerika zu beobachtender Trend zeichnet sich bereits auch in Europa ab: Verkaufsförderung wird den einzelnen Marketingmassnahmen übergeordnet und synonym als Umbrella für alle Absatzbemühungen der Unternehmen betrachtet und genutzt, denn schliesslich soll ja mit allem, was man tut, Absatz und Verkauf gefördert werden. Die Grenzen zwischen Verkauf, Werbung, Productpublicity werden sich also weiter verwischen, das integrale Gesamtkonzept wird sich auf Kosten kurzfristiger Werbemassnahmen durchsetzen. Das ist ganz gut so, denn dann wird der Promotor als Feuerwehrmann bei absehbarem Nichterreichen der Verkaufsbudgets glücklicherweise nur noch selten in Erscheinung treten müssen.

Wenn sich nach der konjunkturellen Krise der neunziger Jahre – die sich nicht nur als flurbereinigender Befreiungsschlag, sondern auch als gesellschaftliche und wirtschaftliche Revitalisierungskur erweisen wird – der Aufschwung einstellen und wieder Risikokapital für Investitionen verfügbar sein wird, nimmt auch die Risikofreudigkeit der Unternehmer zu, ohnehin ihre nobelste Eigenschaft. Diese wird sich mit dem Kreativitätspotential im Marketing verbünden, und das wird an der Verkaufsförderungsfront für dauernde Unruhe und entsprechend für massive Innovation sorgen. Und es werden sich neue Marktnischen auftun, wenn mit dem Einsatz des dann wohl computergestützten Marketings die Risiken herkömmlicher Absatzstrategien minimiert werden können.

Bleibt die Frage der Finanzierung. Der Verkaufsförderungsfranken ist wie die Werbemark konjunkturabhängig. Die Budgets wachsen zusammen mit den Umsätzen, obwohl anerkannt ist, dass antizyklisches

Verhalten indiziert wäre, sprich: bei flauem Geschäft grössere Marketingaufwendungen, geringere bei Hochkonjunktur. Dabei müsste beachtet werden, dass die hier skizzierten neuen Entwicklungen ohnehin grosse Basisaufwendungen für die Verkaufsförderung notwendig machen. Die Marktkommunikation war lange eine Wachstumsbranche, und es scheint sicher, dass sie es bleiben wird. Eine Delphi-Studie des Instituts für Marketing und Unternehmensführung der Universität Bern folgert aufgrund der Befragung von 43 Experten: «Die Werbung bleibt eine Wachstumsbranche mit Wachstumsraten, die spürbar über dem erwarteten gesamtwirtschaftlichen Wachstum liegen. Gründe hierfür sind insbesondere die weitere Verschärfung des Wettbewerbs in vielen Branchen, die steigende Reizschwelle der Konsumenten und die wachsende Bedeutung der Kommunikation im Marketingmix.»

Nur drängt sich als nächstes die Frage auf, welche Art der Werbung das Rennen gewinnen wird. Das zweite Delphi-Fazit lautet: «Steigende Informationsflut, rechtliche und selbstgewählte Beschränkungen der klassischen Werbung sowie Differenzierungszwang begünstigen ein deutlich überproportionales Wachstum der unkonventionellen Werbung. (Was anderes könnte mit dieser nebulösen Wortschöpfung gemeint sein als Sehnsucht der Macher nach gänzlich neuen Marktkommunikations-Instrumenten, wissend um die Grenzen der konventionellen.)

Den weiterhin steigenden Stellenwert des Instruments Verkaufsförderung begründen die meisten der befragten Experten mit Argumenten wie:

«In gesättigten Märkten kommt der Verkaufsförderung grosse Bedeutung zu.» / «Der Kampf um die Regale führt zu grossen Verkaufsförderungsbudgets.» / «Verkaufsförderung wird ihren Stellenwert verbessern, da sie grossen Einfluss auf die Distribution ausübt.» / «Verkaufsförderung ermöglicht direkte Ansprache.» Und: «Verkaufsförderung erlaubt, die verkaufsgerichtete Kommunikationseffizienz überdurchschnittlich zu steigern.»

Ist die Voraussage nach alledem zu hoch gegriffen, dass sich Verkaufsförderung vom ungeliebten Schmuddelkind zum Lieblingsteddy entwickeln wird? Angesichts auch der Klagen über die synergiearme Aufsplittung der Marketinginstrumente Marktforschung, Produkteplanung, Verkauf, Werbung, Verkaufsförderung, Productpublicity,

Öffentlichkeitsarbeit ist denkbar (und wünschbar!), dass sich die Verkaufsförderung zu einer ganzheitlichen Denkform entwickelt und im Marketingmix eigentlicher Leader wird, Königsdisziplin sicherlich, wahrscheinlich sogar die neue Umbrella des Marketing.

- *Verkaufsförderung ist neuer Hoffnungsträger des Marketing*
- *Zeitgeist und Instrumentarium verändern sich ständig*
- *Verkaufsförderung könnte nach dem Massenkonsum auch dem Qualitätskonsum hilfreich werden*
- *Im Konsumverhalten dürften sich gegenläufige Individualismen herausbilden*
- *Nach dem Consumer-Business werden sich das Business-to-Business-Geschäft, der Dienstleistungsbereich, die öffentliche Verwaltung vermehrt der aktivierenden Instrumente der Verkaufsförderung bedienen*
- *Ohne die Herstellung von animatorischen Events innerhalb der Erlebniswelten der Konsumenten ist Verkaufsförderung nicht mehr zu machen*
- *Passive Einweg-Kommunikation ist out, nur der Dialog aktiviert*
- *Die Marktkommunikation bleibt Wachstumsbranche*
- *Die Werbeagenturen halten das Kreationsmonopol*

> *Sowohl Verkaufs- wie Werbeleute versuchen sorgsam, ihr Gebiet gegeneinander abzugrenzen. Um sich ein schlüssiges Bild darüber zu machen, ob Werbung eigentlich (und letztlich) doch Verkaufen bedeutet oder ob Verkaufen ebenso letztlich nichts anderes ist als Werben und Geglaubtwerden, ist es nötig, sich wieder einmal in die Berufsbilder derjenigen einzufühlen, die sich mit derartigem befassen.*

## Die Streitfrage vom Huhn und vom Ei

Zum branchenüblichen Selbstverständnis gehört allzu oft, die eigene Verkäufer- oder Werbertätigkeit möglichst eng abzustecken und im bekannten, fruchtlosen Streitgespräch zu sanktionieren, ob denn auch an der Verkaufsfront das Huhn oder das Ei zuerst gewesen sei.

Einerseits, das sei hier zugegeben, ist es nicht die Art der feinen Werbeleute, sich an einem staubigen Verkaufsregal die Finger schmutzig zu machen. Andererseits, das sei hier ebenfalls angemerkt, schreibt der Vertreter auch nicht «Verkäufer» ins Hotelbuch, sondern «Berater». Daran sieht man: je höher die Mauern, desto kleiner – und sicherer – die eigene Welt. (Als der neue Marketingdirektor unter hämischem Grinsen der Besserwisser zuerst einmal neue Visitenkarten für den Aussendienst drucken liess – die ihm in der Folge als «Delegierte der Marketingdirektion» aus der Hand gefressen haben –, war das ein Ritterschlag, der über Jahre verkaufsfördernde Früchte trug.)

Es wäre im gegenseitigen Interesse nichts effizienter, als wenn sich Werber als Verkäufer-Double fühlen oder sich im Selbstverständnis dem gezielt anrichtenden Verkaufsregisseur öffnen würden. Zwei sehen nämlich immer mehr als der Einäugige, der alles zu sehen glaubt, egal ob er in Werbeagenturen arbeitet oder in den Werbeabteilungen von Produzenten und Handel schwer an seiner Verantwortung trägt.

Resultat des Ausbleibens solch wünschenswerten Weiterblicks sind eindimensionale Werbekampagnen und eine Unmenge realitätsfremder Konsumgüter-Displays in den Verkaufsstellen, die mehr anecken als einhaken und in Läden aller Preislagen vielfach schon zum vornherein ins Sperrgutdepot wandern statt an den Verkaufspunkt. Folge davon: Die Kundenfront hat sich weiterum zum Anbieterschlachtfeld gewandelt, die Detailhandelsregale gleichen – besonders im Foodbereich – Flohmärkten sich überbietender Deskpub-, Reproduktions- und Drucktechniken auf Packungen, Stellern, Regalstoppern, Rotairs, ergänzt mit alles überklebenden Überklebern. Da sage einer, signalisieren sei, worauf es ankäme. Dabei führt der visuelle Wirrwarr schon in Strassenverkehr und Stadtmöblierung zum reizüberfluteten Off; dass die Zeitschriften Televisions-Clips sein wollen, wird ihnen noch den Garaus machen.

## Weg von Rezeptdenken, Erfahrung und Routine

Was also tun, um Herstellerprodukt X durch den Verkaufsflaschenhals Y zur Konsumentin Z zu schleusen? Ratsam vor allem, mehr Mut und Fantasie freizusetzen, um vom Rezeptdenken, vom Griff in die Trickkiste aus Erfahrung und Routine wegzukommen.

Dann ist Grossverteiler «Lauf und Kauf» plötzlich ansprechbar für Kassenrollen, die rückseitig mit «Inseraten» bedruckt sind – weil er sie dann nicht selber kaufen muss. Es kann über Charcuterie-Pergamin gesprochen werden, das für einen Gartengrill oder saure Gurken wirbt. Oder über Salattüten aus gelochter Folie, die mit einem Salatölhinweis winken. Und auch die Herren Apotheker haben dann ethisch nichts gegen den Gewichtstabellenkleber des Schlankheitsmittelfabrikanten auf der Personenwaage.

Es gibt immer wieder Lücken für unkonventionelle Werbemittel, besonders am Verkaufspunkt. Nur muss man hinaus an die Front, um sie aufzuspüren. Bevor man sie dann – massgeschneidert und vielleicht exklusiv – den Verkaufsprofis im Handel «verkauft», die für solche Art Margenverbesserung immer zugänglich sind.

Wenn ein Produkt hingegen über den – segmentierten – Fachhandel distribuiert wird, kann es sich hinsichtlich P.O.S.-Begleitmaterial überaus glücklich schätzen, denn hier nimmt man Ladenwerbung weit lieber in Gebrauch als die vorher angesprochenen Grossverteiler. (Oder haben Sie schon einmal einen Uhrenhändler oder einen Drogisten gesehen, der seine Fensterdekors selber finanziert?) Nicht wahr, das Umsatzvolumen allein ist ja nicht ausschlaggebend, wenn man ein Ladengeschäft nicht nur als schnöde Abverkaufsstelle betrachtet, sondern als eigentliches Medium nutzt, in dem sich ganz gut Werbung machen lässt? Auch daraus lässt sich auf die Zukunft schliessen.

Die Kunden haben wieder das Bedürfnis, bedient zu werden. Das Fachgeschäft hat da seine Chancen schon immer gehabt, wenn oft auch nicht genutzt. Hingegen beginnen die Grossraumgeschäfte im Einzelhandel erst, sich als Fachgeschäft zu «verkaufen». Die Grossen schielen wieder auf Tante Emmas Quartierladen, um abzuschauen, wie sie es macht. Und Tante Emma ihrerseits kann vom Know-how der Grossverteiler lernen. Wenn sie nur will. Der niedrige Verkaufspreis ist nämlich schon so selbstverständlich geworden, dass er allein niemanden mehr zum Ladenbesuch animieren kann.

Es braucht schon neue Reize und neue Wege. Einer davon ist die Pflege des Atmosphärischen, die Pflege dessen, was man mit dem Wort «Einkaufserlebnis» einmal ganz schön umschrieben hat. Und dazu gehören die momentan vielerorts unternommenen Anstrengungen, durch Schulung, Training und stimulierende Prämiensysteme die Qualität des Verkaufspersonals zu heben. («Den Kimono, den ihr bei der Japan-Aktion tragen müsst, dürft ihr nachher behalten!») Auch das wird das Geschehen in den Läden beeinflussen und die Aktivitäten auf der Verkaufsfläche qualitativ verbessern, auf dass (erstens) mehr Besucher (zweitens) öfters kommen und (drittens) länger verweilen. Was, wen wundert's, gut für den Umsatz ist.

**P.O.S.-Material muss vor allem dem Laden nützen**

Inzwischen aber, und das wird auch in naher Zukunft noch zum Alltag gehören, muss das Werbematerial am Point of Sales weitergehende Bedürfnisse würdigen. Es muss ladengerechter werden, das heisst, es muss vor allem dem Laden nützen. Nicht den Herstellern. Nicht den Werbern. Nicht den Grafikern. Und nicht den Displaymachern. Und das alles massgeschneidert in jedem einzelnen Fall, für jedes neu eingeführte oder zur Vitalisierung aktionierte Produkt.

Dazu gilt es für alle Werbeleute, die das Medium Laden mit Werbemitteln nutzen, sich über Sein oder Nichtsein deutlich im klaren zu sein. Das ist nur mit spezifischem Wissen möglich. Doch: wie wird das gemacht?

Man geht einmal mit einem Aussendienstmitarbeiter auf die Tagesreise. Man begleitet einen Reise-Dekorateur. Man macht alle Monate einmal eine Tournee durch verschiedene Läden verschiedener Ketten: Einkaufszentrum, Bedienungsladen, Warenhaus, Discounter usw. Man besucht einmal ein Seminar, an dem nur Leute aus dem Handel teilnehmen. Man liest auch die Fachzeitschriften des Handels und nicht nur die Klatschblätter des Werbeshowbusiness. Und vielleicht holt man sich noch das Verkaufsleiterdiplom – dann ist man erst noch der bessere Gesprächspartner für die Leader im Handel.

- *Der Laden ist ein Medium*
- *Werber und Verkäufer operieren mit Vorteil partnerschaftlich*
- *Nicht kanalgerecht, verkommt Ladenwerbematerial schnell zum Sperrgut*
- *Das Detailgeschäft muss seine eigene Positionierung klären, wenn es nicht zum Flohmarkt der Lieferanten mutieren will*
- *In der Mottenkiste von Erfahrung und Routine liegen keine erfolgreichen Lösungen*
- *Die Grossraumläden lernen von Tante Emma und umgekehrt*
- *Das bewegliche Vermögen Verkaufspersonal ist ertragreicher als die Möblierung*

*Verkaufsförderung lässt sich nicht ohne Bezug zum Marketing porträtieren und nicht losgelöst von der Werbung. Praktische Planung ist nur aufgrund wohlverstandener Theorie möglich, Theorie muss anhand praktischer Beispiele erläutert werden. Gegensätzliches ergänzt sich wechselseitig.*

## Verkaufsförderung ist Animation

Keiner kommt daran vorbei, die Verkaufsförderung in bezug zum Marketing zu setzen, doch ist man gerne bemüht, sie von der Werbung zu differenzieren. Tatsächlich haben die Schwestern mehr Gemeinsamkeiten als Unterschiede. Beide kosten Geld, um Interesse zu wecken.

Die Werbung versucht es in klassischen Medien, die Verkaufsförderung herkömmlicherweise im Handgemenge an den Regalen. Aber man darf nie übersehen, bei der Werbung und bei der Verkaufsförderung nicht, dass das zu erweckende Interesse mitnichten nur beim Endkäufer, dem sogenannten Verbraucher, wichtig ist. Der damals freigesprochene Bernie Cornfeld machte bekanntlich fast alles falsch. Nur das eine nicht, dass er die Motivation der Vertreter für alleinseligmachend hielt.

Der Begriff Animation ist keine Erfindung von mir («zuerst bei Kant», sagt Brockhaus). Aber in den letzten Jahren ist daraus eine Disziplin der Sozialarbeit geworden. Und dann entdeckten wir Philister (wie Molières M. Jourdain, der erst nach 40 Jahren darauf hingewiesen wurde, dass er Prosa spreche), dass unser ganzer Erfolg von der Animation abhängt – insbesondere in der Verkaufsförderung. Das erkannt zu haben, ist das einzige, auf das ich ein wenig stolz bin. Denn unser Handwerk kann dadurch ganz allgemein erfreulicher und auch erfolgreicher werden.

Es geht hier um die Animation – die Beseelung, das Herauslocken der Leute (wohlgemerkt nicht der sogenannten Verbraucher) aus der Reserve; die Ermutigung, etwas aus reinem Spass zu tun und nicht auf Befehl oder Berechnung. Man kann sagen: eine Tätigkeit als Teil der Freizeit und nicht der Arbeitszeit zu empfinden (vgl. Animierdamen).

### Dankbarkeit ist bekanntlich eine Last, Zuneigung das Gegenteil

Die Merkmale sind etwa bei Wettbewerbsaktionen klar zu erkennen: Glückswettbewerbe (mit Verlosung) bauen auf Spieltrieb, hauptsächlich aber auf an sich begehrenswerten Preisen; sie behandeln die Teilnehmer als Objekte, die durch Grosszügigkeit zu ködern sind.

Bei den Leistungswettbewerben (mit Jury) hingegen reicht die Skala von leicht getarnter Verlosung bis zur reinen Gaudi: Man verschenkt irgend etwas Skurriles auf Anforderung (um Streuverlust zu vermeiden) und krönt die besten Reaktionen. Verhilft man nun den Angesprochenen zur Entfaltung der eigenen Persönlichkeit, so sind sie nicht so sehr dankbar als anhänglich – das Beste, was sich ein Unternehmer, ein Händler, ja sogar ein Mensch wünschen kann. Dankbarkeit ist bekanntlich eine Last; Zuneigung das Gegenteil.

Auch hier sind Zwischenstufen möglich, wie anhand einer Verkaufsaktion, getarnt als Schweizerische Landesausstellung («Kleine Landi»), in landesweit 60 Warenhäusern der Manor-Gruppe festzustellen war: Erste Selbstentfaltung bot sich in den lokalen Warenhäusern selbst an, die Aktionen ohne direkte – sprich vordergründige – Verkaufsabsichten für das örtliche Publikum veranstalteten. Die zweite Selbstentfaltung erfolgte bei den ausstellenden Firmen, Vereinen und Verbänden, die sich gratis der Umwelt mitteilen durften. Auf der dritten Stufe folgte das hochverehrte Publikum, das sich («Mir Schwiizer») durch das Ausgestellte bestätigt fühlen durfte, und zwar als Lokalschweizer und nicht bloss als Gesamtschweizer. Mit Gruss von der heimatlichen Institution Warenhaus.

Man könnte also vielleicht sagen, dass Glückswettbewerbe und Preisnachlassaktionen das Interesse erkaufen wollen; bei der Animation dagegen gibt man Geld aus, um den Angesprochenen menschlich näherzukommen. (Ein bisschen verhält es sich wie der Motivationsunterschied zwischen Männern und Frauen beim Geldausgeben; dort steht das Handelsobjekt im Vordergrund, hier mehr die menschliche Beziehung des Austausches.)

## Bei der Animation gibt man Geld aus, um den Angesprochenen menschlich näherzukommen

Die Animation bietet sich natürlich nicht nur für die Verkaufsförderung an, sondern auch für die Werbung, die Public Relations, kurzum für menschliche Beziehungen.

Wer nun Verkaufsförderung in der Praxis planen will, muss deren Formen und Methoden, das Instrumentarium, näher kennen.

Da haben wir zum ersten Wettbewerbe als Verkaufsförderung (Packungsteile, Formulare via Packung), aber auch Basis-Bewerbung (Goodwill, Rummel, Animation, Bekanntheit, Markterhebung).

Die zwei Grundformen haben wir schon gestreift: Glückswettbewerb (Auslosung) und Leistungswettbewerb (Fragen, Aufgaben, Rätsel – wobei es vom Schwierigkeitsgrad abhängt, ob die geforderte Leistung eine getarnte Auslosung darstellt). Für die Organisation kann die gesetzliche Bestimmung wesentlich sein, dass bei Glückswettbewerben kein Kaufzwang erlaubt ist, wogegen er bei Leistungswettbewerben bestehen darf.

Die Gewinne sind ein Kapitel für sich: Geschick in der Auswahl spart viel Geld und verstärkt die Animation (wenn auch nicht immer den Andrang) ungemein. Die Grundüberlegung mag ungewöhnlich tönen: Bei der Werbestreuung, sagt ein alter Schlaumeier, darf das Ziel keineswegs sein, möglichst viele Menschen zum günstigsten Tausenderpreis zu erreichen. Man muss tunlichst nur so viele Menschen erreichen wollen, wie das Gelingen des Vorhabens voraussichtlich erfordert: Für ein antikes Möbelstück genügt ein Käufer auf hundert gezielte Werbebriefe. Muss man hundert Küchen absetzen, so sucht man sich jene 100 000er-Auflage, die am ehesten die gesuchten Haushalte bringt; nicht auf Verdacht 500 000, um alle Möglichkeiten auszuschöpfen. Der Streuverlust ist zwar pro Nase billiger, läuft aber trotzdem ins Geld, sagte der Affe und pinkelte in die Registrierkasse.

Bei den ausgesetzten Preisen sind also solche ideal, die nur die eng umgrenzte Zielgruppe ansprechen (daher ja Teilnahmecoupons in der Packung).

Je grösser die Zielscheibe ist, desto ungezielter und kostspieliger sind die Hauptpreise und desto lockerer ist die Verbindung zwischen Animation und Auftraggeber. Der Gewinner wird wohl der Marke lebenslänglich verbunden bleiben, die Hunderttausenden von Nichtgewinnern ganz im Gegenteil.

Es ist übrigens Usus, bei Verlosungen eine Barabfindung vorzusehen. Diese wird für ein Auto mehr zu Buche schlagen, als das seinerzeit von der australischen Fluglinie Qantas ausgeschriebene Känguruh. (Man liess sich letzten Endes zur Verteilung von drei Stück hinreissen, das eine an den Chef einer Konkurrenzfluglinie.)

Komische oder unerwartete Preise haben einen weiteren Vorteil: sie sind in der für die Breitenwirkung unbedingt notwendigen, begleitenden Anzeigenkampagne unterhaltsamer zu beschreiben und in Verbindung mit dem Absender und seinem Angebot zu bringen.

Apropos Breitenwirkung: Es ist nützlich, daran zu denken, dass man die Teilnehmerzahl unter anderem durch Gewinnsumme, Hauptpreis, Barablösung und Schwierigkeitsgrad steuern kann.

Zur Bewerbung des Wettbewerbs: Es gilt, präzise Anleitung zu geben, sachnah zu bleiben, Text und Bild einfach zu halten. Ferner: Zweite Verkaufspunkte am Point of Sales vorzusehen, einfühlsam zu terminieren, zeitlich nicht knapp zu disponieren.

Zum Ablauf: Über Wettbewerbe wird keine Korrespondenz geführt (bei der Ausschreibung vermerken!). Die Benachrichtigung der Gewinner (sie dient als Werbemittel!) ist vorauszuplanen. Das Personal der eigenen Firma sollte ausgeschlossen sein. Auf die Wahl der Jury sollte viel Sorgfalt verwendet werden, damit Gewinner (und Firma!) sie als Auszeichnung verstehen. Für den zu erwartenden umfangreichen Feedback sollte ein spezielles Postfach zugemietet werden. Für die Gewinnerermittlung sollte ein Notar beigezogen werden, der mit Vorteil schon zu Planungsbeginn konsultiert wurde.

Nächste Gattung: Zugaben. Die haben bekanntlich in deutschsprachigen Ländern den unausgesprochenen Zusatz «Unwesen» erhalten, wogegen sie beispielsweise in Italien das Angebot manchmal direkt bestimmen. Abgesehen von den selbsttragenden Zugaben, den Selfliquidators (eigentlich kaum Zugaben, da sie sich wieder in Geld verwandeln), wollen Zugaben dreimal überlegt sein, denn sie sind mit Nachteilen verbunden:

Die Warenmenge mit den Beigaben muss meist von Hand konfektioniert werden; die Unternehmensleitungen sperren sich oft; die

Verpackungen müssen diebstahlsicher sein (etwas, was sowieso gratis ist, reizt geradezu zum Klauen mit gutem Gewissen); die Grösse der Einheit geht zu Lasten des Regalplatzes; die Aktionspackungen müssen auch nach der Aktion korrekt plaziert werden können; oft ist ein spezieller, grösserer Umkarton nötig.

**Hier, wie eigentlich überall, ist jedoch mehr die Botschaft das Medium als umgekehrt**

Besonders stark ist der Kaufanreiz bei Kindern – vielleicht sollte man Zugaben als Kinder-Animation verstehen. Dadurch erhöhen sich die Abverkäufe, jedoch meist als Mehrkäufe (besonders wenn die Zugabe aufs Sammeln angelegt ist), die Käuferzahl selber wird selten gesteigert.

Als Zugaben kommen nur Artikel oder Leistungen ohne präzise Preisvorstellung in Frage. Diese sollten klein, billig und sachnah sein. Eigentlich dürften sie nur drei Prozent des Verkaufspreises vom geförderten Produkt kosten – in der Praxis entspricht ihr Wert dagegen manchmal bis zu zwanzig Prozent.

Auf die Packung gedruckte Bilder, Spiele, Formulare, Rätsel sind preisgünstig und problemlos. Sie zeichnen sich zudem durch hohen Animationseffekt aus, besonders wenn er durch eine Sammelkomponente verstärkt ist («Senden Sie nur eine Rezeptidee pro Etikette»).

Hier, wie eigentlich überall, ist jedoch mehr die Botschaft das Medium als umgekehrt: Interessantes auf der Packung macht Spass, Gesundheitswarnungen sind trist. So wetteifern die Zigarettenhersteller seit Jahren in sachfremden, aber tunlichst geistesverwandten Gebieten, wo die Selfliquidators zum Teil bereits in einen neuen Erwerbszweig, eine Diversifikation, übergegangen sind: Camel-Schuhe, Marlboro-Kleidung, Roth-Händle-Kunst, HB-Atlanten, Milde-Sorte-Armbanduhren. Neuerdings kommen selbst Verleger und ethisch sonst untadelige Zahnärzte auf den Selfliquidator als Mehrumsatzmaschine («Haffmans macht mobil» mit dem «feuerroten Raben-Rad» und Dr. dent. Ernst animiert in seinen Praxisräumen, «cash and carry», mit Dentalverkaufsdisplays). Hier entstehen auch im Dienstleistungsbereich offensichtlich Möglichkeiten der Animation, ja sogar der Flucht aus uninteressant oder besonders schwierig gewordenen Sparten in den Erlebnis-Konsum.

Eine Grundsatzwarnung ist jedoch wichtig, nicht allein für Verkaufsförderer und Marketer, sondern auch für jeden Unternehmer, um nicht zu sagen für jeden Menschen: Der Pioniergeist entsteht gar zu oft, weil die Schwierigkeiten in der vertrauten Umwelt zunehmen und jene, die ausserhalb liegen, noch unbekannt sind. Ich habe zum Beispiel einen hartgesottenen alten Freund, der unermüdlich verkündet, es gäbe nur drei Gründe für den Export: Erstens Verzweiflung, weil man das Zeug zu Hause nicht los wird; zweitens Überheblichkeit – wir wollen's den Heiden da unten zeigen; drittens Gutgläubigkeit – die Regierung behauptet, man müsse zum Ausgleich der Handelsbilanz beitragen.

Was ja alles keineswegs besagt, dass man nicht mit Erfolg aus seiner Sparte, seinen Vertriebskanälen, seinem Land ausbrechen kann. Nur: Es ist alles nicht so einfach, wie man denkt.

Auch in den eigenen Gefilden muss man sich nämlich klar sein, wer man ist und was man kann – vor allem in bezug auf die Konkurrenz. Man richte nicht schweres Geschütz, etwa das Jahreswerbebudget, gegen Nestlé; nur Heckenschützen haben eine Chance. Da wollte Xerox, beileibe kein Zwerg, ins Computergeschäft einsteigen. Was taten sie? Sie kauften ein kleines, hoffnungsvolles Computerunternehmen auf, tauften es auf Xerox um und prahlten in Inseraten: «Ein Xerox-Gerät, das nicht kopieren kann.» Das hat uns gerade noch gefehlt, sagten die Kunden; Xerox musste rückwärts wieder rausgehen. Bauchlandung.

Man darf sich nie trotzig sagen: Was die können, können wir schon lange; es muss heissen: Was die können, wollen wir nicht nachäffen. Höchstens als Witz. Verlost ein befeindeter Konzern drei Toyotas, hat ein Konkurrent vielleicht gleiches, aber preiswerteres Glück mit einem Leistungswettbewerb um vier Dreiräder («Wir wollen wenigstens in der Räderzahl mithalten; im Benzinverbauch sind wir klar überlegen …») Folgesatz: Kein tierischer Ernst in den Aktionen.

Zweiter Folgesatz, so selbstverständlich, dass er vielleicht gelegentlich wieder vergessen wird: Bei Kinderwettbewerben keine übertrieben grossen Preise ausschreiben. Erstens wird die kindliche Fantasie oberhalb einer gewissen Geldmenge nicht mehr im Verhältnis beflügelt – hundert Franken sind so viel wie tausend. Und die Eltern zahlen den Tausender dann doch nicht aus, sondern eröffnen mit erhobenem Zeigefinger ein Sparkonto. (Ich kannte eine Mutter, der es erzieherisch gar nicht recht war, dass ihre elfjährige Tochter durch Erteilen von Reitunterricht spielend zu Geld kam. «Es entspricht nicht dem wirklichen Leben», meinte sie.)

Zusammenfassend: Wir können – in der Verkaufsförderung und im Leben – jedes rechtlich zulässige Mittel erfolgreich anwenden – oder auch langweilig und erfolglos. Nicht der Botschaftsträger interessiert, sondern der Inhalt. Wer keine interessante Botschaft hat, kann sich möglicherweise mit der Erfindung eines neuen Mediums helfen (da ist ja auch allerhand los derzeit); aber eine bessere Botschaft ist einfacher.

**Da Preisreduktionen Imagekiller sind, muss man parallel dazu für teures Geld imagebildende Basiswerbung machen**

Ein persönlicher Exkurs zum Thema Verkaufsförderung und Marketing: Wie jeder angehende Berater mit speziellen Kenntnissen sagte ich mir, vor Jahren, als erstes: «Du musst das anbieten, was die Grossen nicht können – oder wollen. Du stürzt dich nicht in den selbstmörderischen Kampf um Millionenbudgets, du machst das perfekt, was du verstehst.» Schön. Es kamen Kunden; ebenfalls schön.

Aber es stellte sich immer mehr heraus, dass ich, um das Handwerk wirklich zu verstehen, noch viel mehr verstehen musste als nur das Handwerk.

Was nützt mir oder dem Kunden ein mit allen Raffinessen ausgeklügelter Wettbewerb, wenn jeder zusätzliche Teilnehmer oberhalb einer gewissen Grenze nur Geld und Arbeit kostet? Wozu umwerfendes Ladenmaterial, das die grossen Abnehmer nicht aufstellen wollen und die kleinen nicht können? Es ist eine alte Weisheit, dass mehr Marken durch Verkaufsförderung ruiniert wurden, als je dadurch aufgebaut werden konnten. (Was auch heisst, dass ich den Firmen Produkte oder Dienstleistungen wünsche, die so unique sind, dass sie Verkaufsförderungsaktionen gar nicht nötig haben.)

Und eines Tages stand ich da und merkte, dass mein halbes Können darin bestand, zu erkennen, wo die Verkaufsförderung anfing, wo sie aufhörte, und vor allem, wo sie zwecklos oder gar schädlich war. Mit anderen Worten: Ich war kein Verkaufsförderungsspezialist mehr. Ich musste allgemein mit Gewinn verkaufen helfen; nein, noch viel mehr, ich hatte für meine Kunden mit ihren meist austauschbaren Angeboten Freunde (landläufig: Konsumenten) zu gewinnen, die stets

Interessanteres im Kopf hatten als einen Karton Margarine oder eine Kiste Mineralwasser. Ich musste, kurz gesagt, vom Verkaufsförderungsspezialisten auf Animationsgeneralist umsatteln.

Nun gut. Wir sind mit der Aufzählung der Verkaufsförderungsgattungen noch nicht am Ende:

Es kommen als nächstes Prämien. Erstens Natural- oder Bar-Prämien, an eigenes oder Verteilerpersonal, als Ansporn, Belohnung, man hört gar von Bestechung (ich zeigte einem Einkäufer einmal eine Handvoll srilankischer Edelsteine, die er unbedingt, «nur für ein paar Tage», seiner Frau zeigen wollte – ich fragte nie mehr danach). Unter die Natural-Prämien fallen auch die sattsam bekannten «Incentives» – evergreene Bahama-Reisen für die penetrantesten Vertreter usw. Die Barprämien ihrerseits haben keinen aufregend hohen Vorstellungswert, doch ist der druckfrische Fünfhunderter, den der Verkaufsleiter schon bei der Konferenzbegrüssung an seine Mitstreiter im Felde verteilt, massiv spektakulärer als die bargeldlose Banküberweisung. Zuletzt kommt es eigentlich immer auf die «Verpackung» an: Wie eine angemietete Inseratenseite ist auch ein Aktions-Extra an sich weder gut noch böse – es kommt drauf an, was man daraus macht. Doch davon später.

Die weiterum beliebten Sammelpunkte in oder auf Packungen (oder bei Ladenbesuchen abgegeben) sind permanente, indirekte Zugaben, da nicht der einzelne Punkt, Bon, Jeton, Stempel verwertbar ist, sondern nur eine bestimmte Anzahl davon.

**Irgendeiner Einheitsware Interesse verleihen**

Solche Sammelpunkte (am bekanntesten sind sie als Rabattmarken) schaffen eine hervorragende Langzeitbindung und lassen sich befristet, also aktionsweise, überdotieren. Im wesentlichen sollen sie aber irgendeiner Einheitsware Interesse verleihen: vor allem Gütern des täglichen Bedarfs, starken Produkte-Marken mit rascher Rotation, fragloser Verfügbarkeit, breitem Konkurrenzfächer, aber sie nützen auch der Verkaufsförderung geographisch breit gestreuter Handelsketten. (In der Schweiz sammeln – umfasslich! – 70 % aller Haushalte irgendwelche Punkte, um sie gegen Prämien wie Bücher, Tonträger, Spiele etc. einzulösen: Allein in der «Silva»-Organisation haben sich in 35 Jahren viele hundert Produkte zusammengeschlossen. Bisher wurden über

9 Milliarden Punkte eingelöst, allein 20 Millionen Bücher verkauft, 200 Titel verlegt, einige davon mit Rekordauflagen bis zu 100 000 Exemplaren.)

Das gefährlichste, wenn animatorisch auch «todsichere» Verkaufsförderungsextra ist die Preisreduktion, eine breit gefächerte Gattung, die vom «Frühlingsrabatt» bis zu «33 % mehr Inhalt» reicht und besonders beliebt ist auf dem Schlachtfeld des Lebensmittelhandels.

Preisaktionen zwingen zur ständigen Wiederholung (die Deutsche Bahn, bei der man vor lauter Preisaktionen den Normalpreis nicht mehr kennt, wird davon ein Lied zu singen wissen). Sie werden damit zu Imagekillern, denn sie sägen an einer tragenden Säule jeder Markenpersönlichkeit, ihrem Richtpreis. Parallel dazu ist – für teures Geld – imagebildende Basiswerbung unerlässlich, um die Attraktivität der Marke hochzuhalten (per Saldo könnte «die Reklame» dann ohne Preisschnitte vielleicht mehr bringen), und der Handel verlangt erst noch Spezialrabatte als Ausgleich für den Margenverlust.

Im Food-Consumermarkt können die Grossverteiler alles vom Hersteller Unternommene gestatten oder unterbinden, wie es ihnen beliebt. Der kann deshalb gegen das Veto des Handels keine Verkaufsförderung machen, erst recht keine Preispolitik. Die Ketten haben ja kein Interesse daran, dass eine von mehreren austauschbaren Produktemarken die Überhand gewinnt.

Allerdings ist die Preiswaffe zu einem Zweck gut: Gegen die Handelsmarken (die in der Schweiz z. B. mit 40 % Marktanteil einen Spitzenplatz halten).

Einige Grossverteiler haben ihre Positionen gegenüber Konkurrenten durch (meist vom Hersteller finanzierte) Discount-Angebote festigen können. Doch selbst das nagt auf die Dauer an der Identität einer Marke.

Vergessen wir nie, dass nichts, aber gar nichts schon an sich Interesse beinhaltet. Langweiliges will keiner, und sei es umsonst.

Reine Selbstverständlichkeiten mögen nach dem Preis gekauft werden, weil alle Marken, obwohl als Gattung unentbehrlich, austauschbar und daher uninteressant sind – aber doch nicht Qualitätsartikel! Heisst doch die erste Lehre der Betriebswirtschaft: Heraus aus der Stapelware!

Letztlich bedeutet Preissenkung Interessensenkung auf beiden Seiten der Verkaufstheke.

Als vorläufig letzte Gattung in dieser Aufstellung kommen Muster.

Hier ist der Spielraum gross, die Skala der Animation reicht von Run auf die Proben bis zur Befremdung. (Vor vielen Jahren haben südländische Agrarwerber in einer Grossstadt an alle Haushalte mir nichts, dir nichts je zwei ausgewachsene Artischocken verteilt. Die meisten kamen sofort in den Müll; eine ratlose Verkäuferin in einem Feinkostgeschäft wurde von einer Kundin gefragt: «Wissen Sie, was man damit machen soll»)

Andererseits beklagen sich neuerdings die Apotheker, dass die Ärzte ihre aufgestapelten Medikamentenproben an Patienten weitergeben. Man verlangt Massnahmen gegen diese Unterwanderung der Apothekerpreise.

Bemusterung ist auf allen Kontaktebenen möglich – Handel, Personal, Konsument – und in allen Produktebereichen (gehörten Sie zu den vielfliegenden Managern, die bei der Abreise der «Air France» nach London von «Apple» ein 1500 Mark wertes «Newton Message-Pad» bemustert erhielten, ohne dass man es beim Aussteigen wieder einsammelte?).

Verführerisch die Vielzahl der Verteilungsmöglichkeiten: gestreut oder gezielt; als Beipack, per Post, durch Vertreter. Durch Verteilerorganisationen, unadressiert, in Medien, durch Hostessen; bei Degustationen und Demonstrationen, oder sagen wir lieber Vorführungen, damit wir nicht in den Verdacht kommen, Molotow-Cocktail-Mixturen zu bemustern.

**Zuviel echter Verbrauchernutzen bringt Streit mit dem Handel**

Das Muster soll aussehen wie das Original; wenn verkleinert, kann es einen gewissen Animationseffekt durch Niedlichkeit und Spieltrieb ausüben. Zuviel echter Verbraucherschutz bringt Streit mit dem Handel (vgl. Apotheker). Die Kosten der Konfektion und Distribution sind erheblich. Somit heisst es: Mit Einfühlung konzipieren – erkennen lernen, welche Ware sich überhaupt zur Bemusterung eignet; gut terminieren; immer mit Nachfassen kombinieren (am besten am Einkaufsort).

Erwähnenswert sind in diesem Zusammenhang «selbstlose» PR- und Image-Animationen, jetzt sogenanntes Sponsoring – Vita-Parcours; von der Bank gestiftete Bänke im Kurpark. (Das wirklich Selbstlose ist übrigens naturgemäss inhaltslos.) Die Grenze zu Patronatssendungen und Fussballtrikots ist fliessend. Das Gemeinsame: dass alles in der Animations- oder Freizeit stattfindet. Der Unterschied: dass die werbliche Aussage nicht allzu vordergründig geschieht.

Damit wäre das Gros der geläufigen oder historischen Verkaufsförderungs-Gattungen skizziert, abschliessend aber noch ein Hinweis zur Planung: als Bibel und Gebetbuch zugleich empfiehlt sich ein grosser Terminkalender – unerlässlich, aber nicht ausreichend. Denn das grosse Geheimnis bleibt die Wirtschafts- und Menschenkenntnis. Es ist zu fragen: Was könnte eine genügende Anzahl von Menschen – um Gottes willen nicht «Verbraucher» oder «Konsumenten» – da draussen freuen, selbst wenn es von interessierter Seite kommt? Wer ist uns aus der Lage der Dinge heraus wohlgesonnen – Stadtverwaltung, Schule, Wohltätigkeitsverein? Und wer möchte uns das Handwerk legen? Als da sind Konkurrenz, Handelsketten, Verbraucheristen, Kirchen, Gewerkschaften – alle Apostel also, die nicht gerade unsere Heilslehre gelten lassen.

Aber überall gibt's Maschen zum Durchschlüpfen, hohle Köpfe zum Einnisten: Eigene Animation ist selbstverständlich auch bei Kirchen und Gewerkschaften beliebt. Siehe Kirchweih, 1. Mai (da haben wir es noch einmal: In der Freizeit sieht alles freundlicher aus).

Immer und immer wieder: es kommt auf die Einfälle an. Erst dann hat Planung Sinn. Es darf nicht wie Media-Optimierung werden, wo alles stillschweigend von der Annahme ausgeht, dass nur weisser Raum oder Stille geschaltet wird. (Der Selbstdarsteller Charles Wilp hat seinerzeit sogar – für 24 Mark – eine Langspielplatte mit zwei vollen Seiten Schweigen feilgeboten. Das sehe ich als Animation für ihn selbst, weniger für seine Umwelt. Es war allerdings hinwiederum umweltfreundlich im Sinne von Geräuschpegelsenkung: Wer Wilps Platte spielte, konnte solange kein Lokalradio hören.)

Soweit das Hand- und Kopfwerkliche der Verkaufsförderung. Bleibt noch, unsere Sparte an sich zu untersuchen.

Aus der Laienperspektive müsste Verkaufsförderung doch ein Handlanger des Verkaufs sein, den sie ja schon vom Namen her fördern soll. Wer aber länger im Geschäftsleben stand, weiss, dass Handlanger ihrem Vorgesetzten auf die Dauer nicht widersprechen dürfen: Der Verkaufsleiter lässt also den Verkaufsförderer die Musterkoffer des Vertreters tragen.

Man ordnete daher die Verkaufsförderung wohlweislich bald mehr dem Marketing zu. Früher als Handlanger der Werbung, heute inzwischen oft mindestens gleichwertig, morgen – wenn's gut kommt – als Umbrella, welche die selbstgefällig gewordene Worthülse «Marketing» ablöst.

Schon wieder taucht die Grundsatzfrage auf: Was ist Verkauf? Was Marketing? Der Verkaufsleiter schreibt doch die Aufträge, bringt das Geld ins Haus: muss nicht er das Sagen haben?

«Nein», sagt der Marketingdirektor, «ich stehe auf hoher Warte und überblicke alles, von der Sortimentspolitik und der Herstellung bis zum Garantiedienst. Der Verkaufsleiter muss sich in meinen übergeordneten Gesamtplan einfügen; wo kämen wir denn hin, wenn wir jede faule Ausrede eines Vertreters gelten liessen, der Angesprochene sei doch stark beeindruckt?»

Wer nicht gerade frisch von der Uni kommt, weiss, dass diese Grundsatzfrage nicht grundsätzlich zu beantworten ist, sondern dass die jeweiligen Persönlichkeiten und zufälligen Machtkonstellationen in der Firma den Ausschlag geben. (Neulich suchte ein Zigaretten-Multi ein Universalgenie, das echte Verkaufserfahrung sowie auch Marketingleistungen nachweisen konnte. Im ganzen Land kamen nur vier Kandidaten in die engere Wahl, und es ist anzunehmen, dass es nicht an der Dotierung lag.)

Eine Grundsatzlösung gibt es, wie gesagt, nicht; eine grundsätzliche Erklärung hingegen lieferte der grosse Nationalökonom und Gesellschaftsphilosoph Friedrich August von Hayek schon vor 40 Jahren. In einem Aufsatz über «Die Verwertung des Wissens in der Gesellschaft» schrieb er:

*«Die Behauptung, das wissenschaftliche Wissen sei nicht die Summe alles Wissens, grenzt heute an Ketzerei. Bei näherer Betrachtung erkennt man jedoch einwandfrei ein Corpus der sehr wichtigen, aber unorganisierten Kenntnisse, die unmöglich als wissenschaftlich im Sinne allgemeingültiger Regeln zu betrachten sind. Ich meine damit die Kenntnis der besonderen Zeit- und Ortsumstände. Hier hat praktisch jeder einzelne einen Vorsprung vor allen anderen, weil er ein einzigartiges Wissen besitzt, das nutzbringend einzusetzen ist, jedoch nur unter der Voraussetzung, dass die davon abhängigen Entscheidungen ihm oder seiner aktiven Mitwirkung überlassen bleiben.»*

## Der Verkaufsleiter lässt den Verkaufsförderer die Musterkoffer des Vertreters tragen

Hayek reitet hier eine seiner gekonnten Attacken gegen die zentrale Planwirtschaft, vergisst aber darüber nicht das wirkliche Leben:

*«Wir müssen nur daran denken, wieviel wir in jedem Beruf noch lernen müssen, nachdem wir unsere theoretische Ausbildung beendet haben; welchen Teil unseres gesamten Arbeitslebens wir zum Meistern bestimmter Aufgabengebiete aufwenden; und wie unschätzbar in allen Lebenslagen die Kenntnis der Menschen, der örtlichen Gegebenheiten und der momentanen Umstände sein kann. Eine nicht ausgelastete Maschine ausfindig machen und einsetzen, Fähigkeiten eines einzelnen besser anwenden, von überschüssigen Vorräten Kenntnis haben, die Lieferschwierigkeiten vermeiden – all das ist aus gesellschaftlicher Sicht genauso wichtig wie die Kenntnis alternativer Techniken. Der Verlader, der von der Ausnutzung halbleerer Trampschifffahrten lebt, der Immobilienmakler, dessen Gesamtwissen praktisch nur aus vorübergehenden Gelegenheiten besteht, der Arbitrageur, der aus örtlichen Unterschieden der Warenpreise Gewinn schlägt: sie üben alle höchst nützliche Funktionen aus, die auf besonderen Kenntnissen des flüchtigen Augenblicks beruhen – Kenntnissen, die andere nicht besitzen. Es ist ein Kuriosum, dass diese Art Wissen heute allgemein mit einer Art Verachtung gestraft wird und dass einer, der durch solche Kenntnisse einen Vorteil geltend macht gegenüber anderen, die mit theoretischem Wissen besser ausgestattet sind, in seiner Handlungsweise als fast schäbig gilt. Einen Gewinn aus besserer Kenntnis der Kommunikations- und Transportmöglichkeiten zu ziehen wird manchmal fast als unehrlich betrachtet, obwohl es für die Gesellschaft mindestens so wichtig ist wie die Anwendung der jüngsten wissenschaftlichen Erkenntnisse. Dieses Vorurteil hat übrigens die allgemeine Einstellung dem Handel gegenüber im Vergleich zur Produktion stark beeinflusst.»*

Mit anderen Worten: Gewusst wo, geht manchmal über gewusst wie.

## Es ist eine alte Weisheit, dass mehr Marken durch Verkaufsförderung ruiniert wurden, als je dadurch aufgebaut werden konnten

Aus diesem Blickwinkel erscheint der Verkauf als Angelegenheit des momentanen Wissens, das Marketing als Wissenschaft mit vermeintlich unvergänglichen Regeln. (Der gleiche Zustand herrscht übrigens in unserm Kopf: einer weiss zwanzig Telefonnummern auswendig, der andere weiss nicht, welcher Wochentag heute ist, weil er dazu einen Taschenkalender hat.)

Man kann sich ja auch leicht von seinem Augenblickwissen meistern lassen. Dann kommt ein Umweltfremder – oft zu Recht als Weltfremder verschrien – und erkennt Abkürzungen und Umwege im Tagesablauf. So wie der Vogelkundler, der ein Meerschwalbenpaar beobachtet: der Weg vom Nest zum Wasser führte an einem gefallenen Baumstamm vorbei, aus dem ein toter Ast herausragte, so dass die Vögel einen Bogen schlagen mussten. Der Mensch entfernte das Hindernis. Die Meerschwalben machten nach wie vor den alten Bogen.

Genauso häufig ist jedoch der umgekehrte Fall; ein Vertreter sagt: «Was soll diese Netzplanerei? Ich telefoniere dem Meier! Hallo, Heini, kannst du eine Waggonladung mit 4 % Nachlass verwenden? Gut, abgemacht, auf Wiedersehen!»

Berufene Stimmen behaupten immer lauter, der heutige Marketingfachmann sei meist ein Akademiker, dessen wissenschaftliche Planspiele den Absatz eher blockieren. Sie versteigen sich sogar dazu, Marketing überhaupt für tot zu erklären, überholt etwa von Positionierung oder Konkurrenzbeobachtung. (Wenn Sie mich fragen, sind dies Teilaspekte des Marketings, aber was soll's.) Die ganze Sache ist also von den Widersprüchen des Heutigen zum Ewig-Wahren geprägt. Versagt der Verkaufsleiter, so sagt sich der Unternehmer: «Jetzt müssen wir's mit dem Marketing versuchen.» Oder er wechselt die Werbeagentur. Der andere, fortschrittsbewusstere Chef, seit Jahren bereits mit Marketingabteilung aus Vollakademikern versehen, entdeckt erschauernd, dass sein Aussendienst zum Stiefkind geworden ist; man kann virtuos alles bis ins letzte Detail planen, nur mit dem Absatz hapert's. Gesucht wird dann eine Kanone, ähnlich dem erfolgreichen Anzeigenakquisiteur, der seine Philosophie des Dienstes am Inserenten so zu formulieren pflegte: «Da gibt es nur zwei Möglichkeiten. Entweder ich nehme ihm das Geld ab, dann achtet er mich, oder ich nehm's ihm nicht ab, dann verachtet er mich. Hohohoh!»

Auch ein Gleichgewicht muss keine ideale Lösung darstellen. Es gibt heute genug Unternehmen, wo Vertriebsabteilung und Marketingabteilung nebeneinander bestehen und erbittert konkurrieren.

**Entweder ich nehme ihm das Geld ab, dann achtet er mich, oder ich nehm's ihm nicht ab, dann verachtet er mich**

Die Dotierung ist besser beim Aussendienst (muss sie ja sein, um das Seelenruhige, angenehm Wissenschaftliche bei den Kollegen im Marketing aufzuwiegen). Dafür geniessen die Marketer das Ansehen von Gelehrten, im Gegensatz zu den Gemischtwarenhändlern; des weiteren ist im Innendienst Misserfolg oft schwer nachzuweisen. Unter allen Marketinglehrbüchern kenne ich höchstens zwei Titel, die sich mit Misserfolgen befassen. (Zugegeben, ich kenne nicht einen, der schlussendlich Fehlschläge im Aussendienst dokumentiert. Vielleicht, weil die Betreffenden beruflich nicht so lange überleben, um ein Buch zu schreiben.)

Hier muss ich allerdings ein Wort für unsere engere Sparte, die Verkaufsförderung, einlegen. Unser Geschäft ist das gleiche und am gleichen Ort wie das Vertriebsgeschäft. Und wir können unsere Erfolge sehen. Wir haben dann die Zugabe, dass unsere Erfolge manchmal noch über das Umsatzergebnis hinausreichen – die Leute erinnern sich nach Jahren und denken freundlich an unsere Aktionen.

Das ist eben das Wesen der Animation: ob per Aktion, per Inserat, per Traineransprache – die Angesprochenen müssen das Gefühl bekommen, in irgendeinen nicht erschreckend lebenswichtigen, aber lebendigen Vorgang einbezogen zu werden. (Was sie für lebenswichtig halten, werden sie schon selbst ohne Aufforderung verfolgen. Was wir Marketer für lebenswichtig halten, empfinden sie meist als nebensächlich und nicht sehr lebendig. Auch beim Trainer ist es ähnlich: die Mannschaft möchte schon gewinnen, aber wenn sie verliert, wird sie kaum über Nacht entlassen, was aber dem Coach passieren kann.)

Hier eine werbetechnische Einblendung: Der Coupon ist eine arg vernachlässigte Form der Verführung. Animation bedeutet, dass wir auf Entgegnungen vom Publikum hoffen, dass wir die Meinung der Leser, ob mit oder ohne Bestellung, hören wollen. Inserate, die bloss zum Kauf auffordern, bringen folglich keine Animation, wenigstens keine erfolgversprechende. Ein Inserat dagegen, das als Eröffnung eines Gesprächs wirkt, erweckt bei den angesprochenen Lesern den halb oder voll bewussten Wunsch zu antworten. Der verstorbene Howard Luck Gossage schrieb grundsätzlich kaum ein Inserat ohne Coupon, eben um klarzumachen, dass er auf Zuschriften hoffte.

Eine seiner grossen Erfindungen war der Coupon, der dem Leser Lustiges in den Mund legte. Statt «Ja! Schicken Sie mir postwendend Ihre aufregende Farbbroschüre!», hiess es z. B.: «Schicken Sie mir noch heute meinen Gratis-Baum!»

(Brief an Blitz Weinhard Comp., eine Brauerei in Oregon, die anlässlich der Jahrhundertfeier des Bundesstaates Lesern in New York – Motto: «Lasst Times Square grünen!» – gratis kleine Oregon-Tannen anbot.)

*«Liebe Blitz, furchtbar gern hätte ich eine Oregon-Tanne. Schicken Sie bitte eine. Ich gebe Ihnen Bescheid, wo ich sie anpflanze und wie sie gedeiht. Empfehlt mich bestens den Kumpels. Mit freundlichen Grüssen, Name, Anschrift.*

*PS: Sie verstehen, weshalb ich im Augenblick nicht nach Oregon kommen kann, ich kann diese Sache am Donnerstag nicht absagen. Zur Jahrhundertfeier bin ich da, darauf können Sie Gift nehmen.»*

Das Wichtige ist die Unterstellung, der Leser möchte dem Inserenten einen Brief schreiben und nicht nur auf Knopfdruck etwas aus einem Automaten ziehen. Allerdings sind viele Coupons nicht einmal als Automaten gut. Ich glaubte immer, die berühmten Anzeigenabschnitte mit weisser Schrift auf schwarzem Grund seien die Erfindung eines Spassvogels, bis ich in letzter Zeit tatsächlich einen derartigen Coupon zur Ansicht bekam. Und mehr als einen, mehr als fünf habe ich gesehen, eingezwängt in ein kleines Dreieck in der Ecke, wo man mit Vergrösserungsglas seinen Heinrich hinmalen durfte. Meist waren sie gross als «Info-Check» deklariert. «Check» heisst doch im Klartext, unsere Drucksachen sind so wertvoll, dass wir Ihnen einen Gefallen tun, wenn Sie sie gegen Ausweis beziehen dürfen. Dagegen lässt «Info» nicht darauf schliessen, dass wir dem Inhalt besonderen Wert beimessen.

Vor Jahren bereiste der Chef einer amerikanischen Investmentgesellschaft Europa, um Firmen in Augenschein zu nehmen, in deren Wertschriften er vielleicht Geld anlegen wollte. Nach seinem Besuch bei einem grossen einschlägigen Konzern sagte er: «Von deren Aktien kaufe ich kein Stück. Sie halten im Empfangsraum ihre Prospekte unter Verschluss.»

**Gut durchdachte Kästchen zum Ankreuzen bieten Gelegenheit, das Interesse zu verbreitern, auf andere Angebote hinzuweisen**

Weiterer Tip: Ein bekannter Verlagsdirektwerber textete immer als erstes das Bestellformular und baute den Brief darum herum. Er wollte sein Angebot selbst klar vor Augen haben, bevor er es anpries. Und noch einer: Gut durchdachte Kästchen zum Ankreuzen bieten Gelegenheit, das Interesse zu verbreitern, auf andere Angebote hinzuweisen, Lustiges beizugeben – ungefähr wie das obligatorische PS bei einem Werbebrief. Sie verführen den Leser dazu, sich weiter mit der Sache zu befassen und (viel wichtiger) Eigenes beizutragen, ohne dass er sich den Kopf darüber zerbrechen muss. (Wir kennen ja die Scherzpostkarte, die per Kreuzchen die Zusammensetzung eines individuellen Urlaubsgrusses erleichtert.) Dass die Nutzung des Coupons zur verkaufsfördernden Animation Mailing-Folgen hat, hat sich noch nicht überall herumgesprochen: Wir schickten einmal während sechs Monaten alle Coupons ein, und wenn wir überhaupt wieder etwas von den Angeschriebenen hörten, kam es erst so spät, als wir die Sache längst vergessen hatten.

Zum Schluss: Es ist uns allen nicht gar zuviel Erfolg als Verkaufsförderer zu wünschen. Nicht nur, dass unverdienter Erfolg kein Lernen ermöglicht. (Der erste Abschlag eines Golfanfängers landet 50 cm vom Loch entfernt. Jubel der Zuschauer. Neuling: «Ach, warum habt ihr mir nicht gesagt, dass der Ball da rein soll?») Würde, Gott behüte, die Verkaufsförderung als Wunderdroge anerkannt, so steckten die Grossen dieser Erde, die Procter & Gamble und die Erdölmultis alles Geld da hinein, das sie bisher in die Werbung gebuttert haben. Und das wäre der Tod aller Könnerschaft: Geld statt Gehirnschmalz.

Es ist ja kein Geheimnis: Genügend Geld für ein Marketingvorhaben (oder für sonst etwas, das sich an menschliche Gefühle wendet) gibt es gar nicht. Es nur zuviel oder zuwenig. Und mit zuwenig erreicht man meistens mehr als mit zuviel. Aber sagen Sie das einem Marketingdirektor, der gerade seinen Vertriebskollegen niederringen will; oder der bei der Budgetfestsetzung noch Geld vom vergangenen Jahr übrig hat.

Es läuft eigentlich alles darauf hinaus, dass ich die Verkaufsförderung nicht als Wissenschaft für sich haben will: ich muss noch Kontakt mit der wirklichen Welt haben. Denn nur so kann ich wirkliche Menschen animieren.

- *Der Erfolg der Verkaufsförderung hängt von ihrem Animationswert ab*
- *Animation führt zu Erlebniskonsum*
- *Erfolgreiche Verkaufsförderungsanimation geht nicht ohne Menschenkenntnis*
- *Es gilt nicht einfach, Kunden zu gewinnen, sondern Freunde, Zuneigung*
- *Animationsgeneralisten sind die besseren Verkaufsförderungsspezialisten*
- *Für jede Aktion müssen die Zielgruppen exakt definiert sein*
- *Es kommt auf die Einfälle an, erst dann hat Planung Sinn*
- *Vorsicht vor tierischem Ernst, Aktionen sollen spielerisch daherkommen*
- *Verkaufsförderung ist keine Wissenschaft vom Schreibtisch aus*
- *Es gibt zwei Arten von Wettbewerben, den Glücks- und den Leistungswettbewerb*
- *Zugaben und Selfliquidators sind erfolgreich, bringen aber auch Nachteile*
- *Natural- und Barprämien sind ewige Renner*
- *Preisreduktionen sind Imagekiller, sie brauchen teurere Markenwerbung*
- *Bemusterung bewegt alle Kontaktebenen (Aussendienst, Verteiler, Konsument)*
- *Couponinserate eröffnen den Dialog*

*Der Begriff «Nachfragemacht» erscheint erst seit wenigen Jahren in Fachpublikationen und in der Tagespresse. Er ist in etwa das Gegenteil des «seller market» (Angebotsmarkts), von dem die Wirtschaft während und nach dem Zweiten Weltkrieg mehr als ein Jahrzehnt lang gekennzeichnet war.*

## Handel erwacht, Verbraucher lacht

Die Nachfragemacht muss einerseits als Folge der Massenproduktion und des Massenkonsums gesehen werden, andererseits aber in der hektischen Umstrukturierung des Einzelhandels zu Grossbetrieben und damit zur rapide sinkenden Zahl der Einzelhandelsunternehmen (nicht aber in gleicher Weise der Verkaufsstellen): Auch hier gilt das «Gesetz» 80:20, d. h. dass 20 % der Unternehmen etwa 80 % des Umsatzes im Einzelhandel eines Landes erzielen.

Vor manchen Jahren war es noch Brauch und Sitte, dass Hersteller und Einzelhändler streng getrennt für ein Produkt oder eine Gruppe von Produkten die Werbung nach Plan oder auch sporadisch durchführten und dafür bezahlten: Jeder für sich, nach getrennten Zielsetzungen und differenzierten Aufgaben für und in der Werbung. Tempi passati.

In den letzten Jahren hat sich die Szene völlig geändert: Heute stehen wir Tatsachen und Trends gegenüber, welche zum Überleben im Markt eine völlig andere Denkweise und Strategie erfordern.

### Der Preisdruck macht den Handel innovativ

Fast über Nacht ist das Preisbewusstsein der Verbraucher gestiegen. Die Ursache ist nach meiner Ansicht in dem durch die beiden letzten Rezessionen ausgelösten preispolitischen Leistungskampf unter den Anbietern zu suchen, der den Verbraucher zunächst verunsicherte, die Konsumentenbewegung stärkte, die Medien zur Pflege des «Dauerbrenners» Konsumentenschutz veranlasste und dadurch den Preisvergleich postulierte und zu einer weit verbreiteten Praxis unter den Konsumenten werden liess; eine Entwicklung, die anhalten dürfte.

Die Mehrheit der Verbraucher ist heute nicht mehr standortgebunden und wählt den Ort des Einkaufs sorgfältig nach Attraktivität bzw. nach angebots- und preispolitischen Gesichtspunkten aus.

Und wie reagiert der Einzelhandel? Die Manager heckten jede nur erdenkliche Möglichkeit aus, um die Beschaffungspreise zu senken. Das beginnt etwa mit der sogenannten «Preisdrückerei», vornehmer ausgedrückt mit «harten Preisgesprächen»; die Produzenten und Importeure werden unter Umständen gegeneinander ausgespielt, und im Kampf um den günstigsten Bezugspreis wurde der Handel, seiner Nachfragemacht bewusst, innovativ. Das heisst, er erfand und erfindet immer neue Massnahmen, um trotz wettbewerbsfähiger Endverkaufspreise den Kostenbeitrag pro Einheit zu halten oder zu erhöhen.

Der «Forderungskatalog» mächtiger Nachfrager beschränkt sich auch nicht auf höhere Skonti und Sonderrabatte bei jeder sich bietenden Gelegenheit, wie etwa Geschäfts- oder nur Filialeröffnungen, Jubiläen, Einweihung renovierter Räume, Stadt- oder Kantonsjubiläen usw. Gefordert werden eigentliche Einführungsbeiträge, Prämien auf die Umsätze gemäss Staffel, Frankolieferung, Margenausgleich usw., usw., alles ohne Garantie für einen Stammplatz im Regal, aus dem eine Produktemarke gnadenlos herausfliegt, wenn es nicht der – vorausbewiesene – Schnelldreher war.

Obwohl gewisse Produzenten, wenn «verbandstreu», über solche Forderungen ganz oder teilweise nicht einmal reden dürften, liess sich beispielsweise auch die streng verbandsgebundene schweizerische Schokoladenindustrie «manipulieren». Sie macht seither mancherlei Zugeständnisse an die erwähnte «Nachfragemacht») von wo aus sie auch immer kommen mag.

**Auch Forderungen in bezug auf Packung, Transport und P.O.S.**

Indessen gehen die Forderungen an die Lieferanten des Einzelhandels, vor allem an die Markenartikelindustrie, noch weiter: Als Sonderleistung verlangen gewisse Einzelhandelsgruppen kanalbezogene Preisauszeichnungen und Datierungen, womit sich der «Kunde» erhebliche Kosten erspart. Selbst Adaptationen der Verpackung an interne Normen werden verlangt. Da sich etwa die EAN-Auszeichnung, welche an der Kasse das Ablesen der auf der Packung aufgedruckten Daten durch

Laser ermöglicht, immer mehr ausbreitete, wurde auch diese Markierung in den Forderungskatalog der «Nachfragemächtigen» einbezogen.

Die Forderungen weiteten und weiten sich aus auf das Gebiet der Verpackungseinheiten, der Umpackungen, der Transportgebinde und spezieller Aktionspackungen. Für den Verkaufspunkt werden Factise-Packungen ebenso verlangt wie kanalspezifisches Display-Material in der jeweiligen Sprache. Doch damit nicht genug: Der Einzelhandel stellte in Aussicht, dass «Aktionsplätze», Satellitenverkaufspunkte und Regalanteile (je nach Linear-Laufmetern und Sichthöhe) nur gegen einen «Kostenbeitrag» zur Verfügung gestellt werden können.

Die grossen Unternehmen haben hierfür umfangreiche «Tarife» ausgearbeitet, etwa nach dem Grundsatz: «Entweder – oder». Bereits historisch ist und überhaupt nicht mehr diskutiert wird die Übernahme der Kosten von Abverkaufstests sowie von Demonstrationen und Degustationen, inklusive Werbebeitrag, durch den Lieferanten. Daraus darf geschlossen werden: Der Einzelhandel ist sich seiner (Nachfrage-) Machtstellung klar bewusst. Er entwickelt ein Selbstbewusstsein von hohen Graden in dieser Richtung. Die Nachfragemacht, fern aller Theorie, wird in der Praxis redlich ausgeschöpft.

**Mit Grossverteilern auf Gedeih und Verderb verbunden**

Wenn nun die (meisten) Markenartikler, auch mit der Faust in der Tasche, hier mitziehen, so tun sie dies, weil sie mit den grossen Verteilern heute auf Gedeih und Verderb verbunden sind.

Dass speziell den schweizerischen Markenartiklern wegen des Boykotts durch ihre Väter ein bedeutender Kanal – Migros mit einem gesamtschweizerischen Marktanteil von mehr als 25 % allein im Food-Sektor – verschlossen ist, mögen sie bedauern, ändern können sie es nicht mehr, genausowenig wie den Fall der Preisbindung, der letztendlich ebenfalls eine Spätfolge dieses Boykotts ist.

Die existenzbedingte Bindung schweizerischer Produzenten an wenige Grossverteiler wird auch dadurch unterstrichen, dass der Ausstieg oder das Umsteigen etwa von Coop für einen Markenartikelhersteller einen Produktionsausfall von 30 % oder mehr bedeuten kann. Verständlich wird das Ausspielen der Nachfragemacht auch durch die Notwendigkeit der Grossverteiler und der Grossisten, gegenüber

Migros konkurrenzfähig zu werden bzw. zu bleiben, wenn deren Tiefpreisvorteil auch an Discounter abgewandert ist und sich unattraktiv verflacht hat.

Der helvetische Detailhandel muss sich heute im Kampf gegen den Giganten «M», der bei einzelnen Artikeln einen Marktanteil von 60 % besitzt, mit der Preisparität wehren. Dazu gibt es keine Alternative, und dies sehen auch die Vorstufen des Einzelhandels ein.

**Hersteller honorieren Werbung des Handels**

Wenn nun der Einzelhandel gegenüber der Migros in der Lage war, preislich wettbewerbsfähig zu sein, so musste im Interesse der Erhaltung und Ausweitung der Marktanteile entsprechend geworben werden. Erhöhte Werbeanstrengungen, oder überhaupt erst der Einstieg in die Publizität, erforderten von Jahr zu Jahr steigende Mittel, zumal sich während dieser «Kampfperiode» eine wachsende Zahl von Werbeträgern anbot, eine Entwicklung, die noch keineswegs abgeschlossen ist.

Zunächst bemühten sich die Verteiler schrittweise, ihre Werbung für die Markenartikel von den Herstellern ganz oder teilweise honorieren und manchmal auch überbezahlen zu lassen. Nicht ohne den mit sanftem Druck verbundenen Hinweis auf die gemeinsamen, lies: höheren Interessen.

Der Discounter Denner war sozusagen der Pionier; er hat mit der vom Hersteller kräftig mitfinanzierten «Kanalwerbung» begonnen (also Werbung für die besonderen Bedürfnisse des Verteilers). Später erschien auch Coop in den Direktionsetagen der Markenartikler mit Blick auf Beiträge zu den «Zwei-Wochen-Aktionen» (Markenartikel-Hits mit Preisgarantie während zwei Wochen). Seither wurden weiterum auch Zuschüsse bei der Einführung neuer Artikel verlangt, und national wurde kein Artikel mehr aufgenommen, wenn an die Werbekosten keine Anteile geleistet wurden, zur Entlastung der Werbebudgets bis zur massiven Steigerung der Werbepräsenz der Verteiler.

Da wird es kein Zufall sein, wenn die Liste der werbeintensivsten Firmen der Schweiz Mitte der neunziger Jahre von den Grossverteilern Migros und Coop angeführt wird (mit 118 bzw. 111 Millionen Franken per anno und Steigerungsraten gegen 20 %).

- *Der Nachfragemarkt hat den Angebotsmarkt abgelöst*
- *20 % der Unternehmen machen 80 % des Detailhandelsumsatzes*
- *Preisdruck wirkt sich auf Konditionen aus*
- *Der Handel spielt seine Nachfragemacht gegen die Zulieferer aus*
- *Wettbewerb und Ausweitung der Marktanteile verlangen höhere Marketingbudgets*

*Die Verbraucher ändern ihre Gewohnheiten laufend. Unverkennbar ist etwa der Trend zum Geniessen, bei dem der Kunde wählerischer, selektiver wurde. Mag die Preisattraktivität nach wie vor eine starke Motivation für die Wahl des Einkaufsortes sein, so gewinnen doch zunehmend andere Faktoren an Wert.*

## Am Menschen kommt keiner vorbei

Zentral gewordene Präferenzen beim Besuch einer Ladenlokalität sind Lage und Verfügbarkeit geworden (die «grüne Wiese» hat viel von ihrer Attraktivität verloren), die Auswahl (Breite und Tiefe, Qualität, Funktion und Display der Sortimente), Innenraumgestaltung samt Lichtregie, Atmosphäre, Sauberkeit und Übersichtlichkeit der Verkaufsräume, Behaglichkeit, Service und Grad der Dienstleistung, Präsenz und Personality der Mitarbeiter usw. Das heisst, mit Preisattraktivität allein ist «es» heute nicht mehr zu schaffen, was am sinkenden Image der Lagerhallendiscounter und deren Mühe mit dem Umsatz unschwer zu erkennen ist: Dort beeilt man sich seit einiger Zeit, neben den attraktiven Discountpreisen im «Tausend-Artikel-Sortiment» zusätzliche Annehmlichkeiten und Dienste anzubieten und sich gar vom Regalgängelband zu lösen, bei dem es einen ohnehin wundert, warum sich die Kunden das so lange gefallen liessen. So kumulieren sich bei der Verbraucherschaft das Bedürfnis, in jeder Beziehung günstig einzukaufen, und der Wunsch, bei diesem Einkauf auch noch vom hohen Erlebniswert zu profitieren.

### Verbraucher sucht emotionales Einkaufserlebnis

Der Konsument sucht über die Vielfalt und Komplexität seiner Bedürfnisse hinaus auch Sicherheit: Er fordert vom Einzelhandel die Gewissheit, dass sein Bedarf in der jeweiligen Einkaufssituation auch auf der emotionellen Ebene gedeckt werde. Diese Sicherheitsvermittlung ist vor allem auch Aufgabe der Kommunikation. Die wird zwar durch die Werbung in den Massenmedien eingeleitet, muss aber am

Verkaufsort unter Beweis gestellt werden. Und zudem bedarf es des Engagements der Verteiler als Brückenbauer zwischen den Streumedien und der gezielten Werbung am Verkaufspunkt.

Diesen Aufgabenkomplex möchte der Einzelhandel jedoch nicht selber berappen, sondern gemeinsam mit der Markenartikelindustrie verwirklichen. So wurden denn und werden immer wieder kanalspezifische Projekte massgeschneidert, die über die Finanzierung oder Mitfinanzierung der Aktionswerbung hinausgehen.

Aus Anlass einer Tagung, zu der die Markenartikelhersteller der Schweiz fast vollständig erschienen waren, präsentierte die eine der grossen Einzelhandelsgruppen der Schweiz ein zu Recht so genanntes «Partnerprogramm». Dieses wurde alsbald realisiert und wird laufend optimiert. Die Resonanz bei den Markenartikeln war günstig, die Mittel fliessen reichlich.

Der Verteiler hat richtig erkannt: Er und der Hersteller haben im Grunde dieselben Marktinteressen, sehr ähnliche Absatzprobleme und parallele Werbeaufgaben. Diese Ausgangslage begünstigt «kooperative» Projekte. Die Markenartikelindustrie ist mit Vorteil darauf bedacht, ihre Produktepositionierung auch im qualitativen Bereich über ihre Absatzkanäle zu festigen und weiterzuentwickeln, denn sie hat ihre frühere Anführerrolle im kaum noch expandierenden Markt zu grossen Teilen eingebüsst.

## Kanalbezogene Absatzstrategien in Partnerschaft mit dem Handel

Auch die Haltung des Einzelhandels hat gegenüber der Markenartikelindustrie in allen Strukturen eine Wandlung erfahren. Und so betrachten die Produzenten von Markenartikeln die Verteiler nicht mehr als Konkurrenz – schon wegen der gewachsenen Bedeutung der Handelsmarken – und gottähnliche Instanz, der sie sich klaglos zu unterwerfen haben, sondern als Absatzhelfer, im Klartext als Partner, von denen man weiss, dass sie die tatsächlichen Verkäufer sind und dass innerhalb des Verteilungsapparates verschiedene Distributionsgrössen bestehen.

Der Einzelhandel, das ist die Front: Dies zwingt den Markenartikler dazu, sich mit der Problematik des Detailhandels in allen Spielarten auseinanderzusetzen. So ergab sich die logische Schlussfolgerung, in die Verkaufsfront – an ihr wird gekämpft! – mehr zu investieren, um deren Schlagkraft zu erhöhen und die Distribution der eigenen Marke zu fördern, ja zu garantieren.

Diese Partnerschaft gilt es weiterzuentwickeln und ins rechte Licht zu rücken. Der Gesinnungswandel bei den Markenartiklern ist in vollem Gang. Sie werden das teure Geld für noch wirkungsvollere Werbung einsetzen, denn Ziel ist ja eine Optimierung der Werbung. Auch wenn dies ihren externen Beratern, den Werbeagenturen, nicht immer gefallen mag; denn zur Optimierung gehört ja auch die Gewichtung, und diese führt zu frontbezogenen Problemlösungen, manchmal zu Lasten der institutionellen Basiswerbung in den traditionellen Medien. (Frage: «Wie steigere ich den Umsatz mit A, wie gewinne ich B als Kunden ...?»)

Die Antwort für den Produzenten ist eine vorwiegend kanalbezogene Absatzstrategie, welche sich in den Marketingkonzeptionen verstärkt auswirkt. Das führt zwangsläufig auch im engeren Werbebereich zu kanalbezogenen Konzepten. Diese müssen dann entsprechend mit dem jeweiligen Verteiler auf die gemeinsamen Möglichkeiten und die beidseitigen Bedürfnisse des Verteilers abgestimmt und dann gemeinsam durchgeführt werden.

So sollte es der Markenartikelindustrie möglich werden, einem kooperativen, partnerschaftlichen Programm zuzustimmen, ohne den frustrierenden Eindruck, sich dem «Diktat des Handels», hier: der Nachfragemacht, beugen zu müssen.

Der Markenartikler aber sei gewarnt: Er muss peinlich genau darauf achten, dass nur individuell zugeschnittene Programme partnerschaftlich durchgeführt und finanziert werden. Gleichzeitig wird man die standardisierte Kanalbasiswerbung umgehen. Man prüfe auch, ob man für jeden investierten Werbefranken volle und nachgewiesene Gegenleistung erhält. Dies will besagen, dass mit diesem Geld nicht die Werbung für Eigenmarken des Verteilers unter der Hand mitfinanziert werden soll aus lauter Begeisterung über die beliebte Sortimentsbewerbung.

**Das allzu Menschliche nicht vergessen**

«An den Menschen kommt keiner vorbei», nicht nur im Umgang mit Konsumenten. Man denke auch an die für Sortimente, Marketing, Einkauf, Verkauf, Werbung usw. Verantwortlichen im Handel, die bei der

Kooperation nicht verdriesslich gestimmt werden wollen. Sonst kommt es nicht aus rationalen (objektiven), sondern aus irrationalen (subjektiven) Gründen dazu, dass ein Produkt aus dem Sortiment genommen oder gar nicht erst eingeführt wird.

Am Anfang aller Bemühungen gilt es demnach, nicht nur abzuschätzen, wie sich fehlende Werbepräsenz in den Werbeträgern und Werbemitteln der entsprechenden Grossverteiler sachlich auswirkt, es ist auch zu fragen, was auf seiten des Gesprächspartners emotional passiert. Die Begründung liefert die gute alte Psychologie. «Die Beziehungen zwischen Unternehmen sind Beziehungen zwischen Menschen.» Das erklärt auch, weshalb eine Marke, und sei sie noch so stark, plötzlich aus geradezu läppischen Gründen zum «Hinterbänkler» wird und warum anderen Marken die Chance des Einstieges in das Sortiment ganz verweigert oder neu gewährt wird.

Deshalb ist es unumgänglich, kanalbezogene und kanalorientierte Marketing-Strategien als ideale Kombination zwischen der allgemeinen Basiswerbung und der sogenannten Verbundwerbung der Produzenten zu betrachten, diese Partnerschaft zu nutzen, zu unterstützen und zu fördern, nach Gemeinsamkeiten zu suchen, dem beidseitigen Absatzinteresse und der kooperativen Durchführung und Finanzierung solcher Massnahmen einen angemessenen Stellenwert zuzubilligen, die marktbestimmenden Elemente zur Förderung eines Produktes oder eines Sortimentes zielstrebig und permanent zu entwickeln und zu pflegen.

Die Konsequenz dieser Theorie und der vor allem aber durch Praxis in der Förderung des Verkaufs gewonnenen Einsicht: Produzenten können ihre Marktanteile nur noch Seite an Seite mit dem Handel aufbauen, halten und ausbauen.

- *Verbrauchergewohnheiten ändern sich dauernd und damit das Instrumentarium*
- *Der Handel muss dem Kundenwunsch nach emotionalem Einkauf entgegenkommen*
- *Die Verteiler verlangen vom Markenartikelhersteller die Mitfinanzierung seiner Vermarktungskosten*
- *Produzenten entwickeln kanalorientierte Absatzstrategien*
- *Ohne flächendeckende Frontpräsenz wird ein Produkt schnell zum Hinterbänkler*
- *Partnerschaftliche Kooperation und Abstimmung der Massnahmen sind unerlässlich*

*«Und nun, Fritzchen: Was hat dein Vater für einen Beruf?»*
*«Mein Vater spielt Klavier in einem Freudenhaus.»*
*«Was?»*
*«Jawohl, mein Vater spielt Klavier in einem Freudenhaus.»*
Nichts wie heim mit dem Brief vom Schuldirektor. Mutter, in Tränen aufgelöst, kann nur Vater holen.
*«Fritz! Was fällt dir ein?»*
*«Aber Papi, sollte ich etwa sagen, du bist Verkäufer?»*

## Zum Selbstverständnis der Verkaufsförderer

Andererseits gibt es Werbekollegen, die in der Verkaufsförderung das summum bonum sehen. Sie meinen, die Zeit der grossen Medienbudgets sei vorbei und verweisen auf einen Nestlé-Konzern mit Werbeausgaben von nur noch um die 40 % in den klassischen Medien. Sie finden, die grossen Agenturen behandelten das Marketinginstrument Verkaufsförderung (Sales Promotions) als Stiefkind, weil keine Provisionen anfallen, wohl aber eine Menge Kleinarbeit.

Das stimmt alles, aber ich sehe es anders. Man soll sich als Werber nicht schämen, Verkaufsförderung zu machen, denn im Grunde hat jede werbliche Tätigkeit überhaupt den Verkauf oder das Unternehmen zu fördern – das sogenannt «Kreative» erst recht.

Was wiederum nicht heisst, man dürfe ausschliesslich VF machen, denn dann versteht man paradoxerweise ausgerechnet von der VF nichts. Es fehlen die grösseren Massstäbe. Man muss auch imstande sein, einen Dreissig-Sekunden-Spot oder eine vierfarbige Doppelseite zu gestalten, und sei es nur, weil die Ladenwerbung daran anknüpfen soll.

### Wann waren Sie das letzte Mal aktiv im Verkauf?

Da lobe ich mir den New Yorker John Cunningham. In den 40er Jahren machte seine Agentur eine vielbeachtete Eigenkampagne, immer mit einem freundlichen Herrn in Hemdsärmeln und Schürze hinter einem Ladentisch. Schlagzeile schlicht: «Der Mann von Cunningham & Wash.» Im Haupttext stand, dass jeder leitende Herr der Agentur 14 Tage im Jahr irgendwo im Einzelhandel arbeite, um den Kontakt mit seinem Publikum zu pflegen. (Dabei hatte John Cunningham eine gute Antenne für spektakuläre Kreativität, sonst hätte er nicht eine San Franziskaner Agentur gekauft, bloss weil Howard Luck Gossage dort Texter war – überhaupt, Gossage: bevor der zur Werbung kam, war er zweieinhalb Jahre Verkaufsförderungsleiter des Rundfunknetzes CBS.)

Wann waren Sie einmal im Verkauf tätig, und sei es nur für einen Tag? Wann haben Sie einen Vertreter im Aussendienst begleitet? Wann waren Sie das letzte Mal in einem Supermarkt?

Die heute weltweite T-Shirt-Welle nahm übrigens in einer Verkaufsförderungsaktion für einen Brauereikunden ihren Anfang: «So stellt sich ein Bierbrauer Kultur vor», sagten die sich und bedruckten Leibchen wahlweise mit Beethoven, Brahms oder Wolfgang auf der Brust. Sie wurden in rauhen Mengen zu einem – gewinnbringenden – Preis verkauft. Nur die Brauerei kam mit dem Biervertrieb nicht nach. (Das hat man davon, wenn man mit Genies arbeitet.)

Dort sehe ich die grosse Aufgabe, die nichts so wie die VF erfüllen kann: als Beweger zu dienen. Die Medienwerbung erteilt die Kauferlaubnis; das Marketing, der Vertrieb und die Verkaufsförderung bringen die Ernte ein. Die kreativste Medienkampagne bewegt nichts, sondern bleibt Kommunikation.

**Mit Verkaufsförderung dem Produkt Persönlichkeit geben**

Mancher Werber ärgert sich, dass die Verkaufsförderung ihm Geld aus dem Etat stiehlt. Statt dessen sollte er heilfroh sei, durch sie etwas über Produkte erzählen zu können, zu denen nichts mehr zu sagen ist. Alles Erkenntnisse der Geschenkartikelbranche: Diese Artikel werden durch dazugehörige Geschichten verkauft («von Heinzelmännchen im Schwarzwald geschnitzt»). Ein Freund meint, die Hauptfunktion eines Werbegeschenkes sei, dass der Begleitbrief gelesen werde.

Die Verkaufsförderung ist demgemäss auch der beste Freisteller, er macht selbst Ladenhüter interessant. Beispiel: Ich hatte einmal eine sterbende Marke zu betreuen. In der Produktion eines Monats änderten wir die Packung geringfügig, indem wir Gewinnlose draufdruckten.

Der Absatz zog an. Wir pausierten. Dann wieder ein Monatsausstoss mit Losen. Der Absatz stieg weiter. Noch einmal das Ganze. Heute bewegt sich diese alte Marke gesund und munter als Ertragsmaschine. Mit Anzeigen allein hätten wir uns taubtrommeln können, und die Marke wäre trotzdem längst verewigt.

Auf ganz anderer Ebene: Der grosse Verkaufsförderer Nicholas Samstag schlug seinem Kunden American Express vor, die bisher blanke Innenseite der Heftchen für Reisechecks mit der Botschaft zu bedrucken: «Heben Sie besser ein paar Schecks auf; es ist immer gut, sowas im Haus zu haben.» Da die Schecks beim Ankauf bar bezahlt worden waren, bedeutete das natürlich Tausende an Zinsgewinnen für American Express. Man bestätigte Herrn Samstag (leider nicht schriftlich), dass schon allein dieser Einfall sein Jahreshonorar lebenslänglich gelohnt hätte.

**Der Marketingservice der Agenturen hat ausgedient**

Daraus ist ersichtlich, dass irgendeine Änderung am Produkt oft die beste Verkaufsförderung ist, und sei es nur eine an der Packung. Wir müssen uns andererseits darüber im klaren sein, dass die Welle der berufsmässigen Produktfindung, soweit sie überhaupt mehr als ein Sport für hochintelligente und gelangweilte Agenturleiter war, weitgehend abgeebbt ist. Die Arbeit wird weiterhin gemacht, aber nicht als Wissenschaft für sich.

Auch die internen Entwicklungsabteilungen werden kürzer gehalten als in den prallen Jahren. Der Hergang im Marketing und in der Betriebswirtschaft überhaupt ist seit Jahrhundertmitte in ähnlicher Weise verlaufen – erst die Management-Wissenschaft und das totale Marketing. Nach seinem Sturz (Ursache oder Wirkung?) kamen die Konzerne darauf, dass sie im Hause vom eigenen Vertrieb mehr verstanden als die Werbeagenturen, die ein totales Marketing-Paket anpriesen. Kleine Kunden, für die «Marketing» noch neu war, zogen natürlich erst nach, wenn sie ihren Agenturen die Marketer wegengagieren konnten. Das Marketing war nun keine reine Marotte wie das Brainstorming, sondern es blieb als Bodensatz.

Auf Marketing folgte die Kreativität, denn selbst die Multis konnten sich nicht die Stars hauptamtlich leisten, die grosse Kampagnen gestalten. Die Schöpferischen wurden von Agenturen gestellt; später auch als Freie herangeholt, nachdem die Medienagenturen den Vorteil einer Hausagentur aufzuheben begannen und gleichzeitig der Apparat einer Grossagentur für grosse Kunden entbehrlich geworden war.

Auch die Kreativität blieb mit der Zeit als unentbehrlicher Bodensatz zurück, aber der erste Glaube an ganz verrückte Selbstdarsteller wie Wilp oder Colani (ein Glaube übrigens, der schon allein für sich zunächst die Verkaufsbemühungen des Klienten anspornte) wich allmählich dem verständlichen Wunsch, mit der Werbung den Umsatz sichtbar zu steigern. Branchenkollegen beschweren sich, in der Rezession wollten die Kunden nur noch hartes Verkaufen genehmigen.

**Eine neue Managergeneration setzt sich durch**

Ich muss hier einschieben, dass gewisse Kunden immer darauf bestanden haben, andere dagegen kommen irgendwann neu auf den kreativen Geschmack. Das bildet auch den Mechanismus der «Wellen»: Wachablösung in den Konzernen bringt neue Herren (mit neuen Steckenpferden) als Gesprächspartner für die Werber. Neulich war zum ersten Mal von einem Vorstandsvorsitzenden zu hören, der früher Werbeleiter des Unternehmens gewesen war. Hierzulande, scheint es, haben zurzeit die stark Verkaufsorientierten zunehmend Oberwasser – nicht mehr wie zu Grossvaters Zeiten die altgedienten Uhrmacher, die selbst die letzte Schraube anziehen konnten. Aber auch nicht mehr die Marketingritter, für die jeder Verbraucher Kaiser und Papst zugleich war, und nicht die neuen Fachhochschulabsolventen, die alles grosszügig planen, aber wenig im Wirklichkeitsalltag durchsetzen konnten.

Jede Managementgeneration lernt von den Fehlern der Abgelösten (und will sich verständlicherweise auch neu profilieren). Wir haben also auf unserem Meeresboden Ablagerungsschichten, zuunterst die der handwerklichen Gründer, dann die der Erhalter und Buchhalter, dann die der Marketer (der Verbraucher ist Kaiser und Papst zugleich) und zuletzt die der Netzplan- und Computergläubigen.

Allmählich besinnen sich selbst die Konglomeratkonzerne (in der Person der Verkaufs- und Vertriebsvorstände) auf die Branchen, von denen sie aus Erfahrung etwas verstehen.

Das scheint mir auch zum Teil eine Erklärung für die nun schon so viele Jahre anhaltende Verkaufsförderungswelle: Der abgebrühteste Vertriebsmatador sieht, dass gut geplante Aktionen Bewegung bringen.

Er sieht ferner etwas Neues in einer Marktlandschaft, wo zunehmend die Handelskonzerne das Sagen haben und den Herstellern immer neue Fesseln anlegen. Es ist eine Handelsmauer entstanden: Die Konzerne verwehren ihren Lieferanten Frontverkaufsförderung für die eigenen Marken. Was tun? Angebote machen, die nicht nur der Produktemarke nützen, sondern auch dem Handel! Was wiederum nur partnerschaftlich funktioniert. (Wohl dem, der persönlichen Zugang zu seinen Key-Accounts hat!)

**Cents off: Selbstmord auf Raten?**

So wie es im Management Wellen gibt, gibt es natürlich auch solche in der Verkaufsförderung selbst. Zuerst einmal die Preisreduktionsaktionen. Die wurden aber für die Fabrikanten schnell zur Dauereinrichtung und machen eine Marke noch schneller kaputt. («Ab heute verkaufen wir unsere Zahnpasta überall und jederzeit zum immer gleichen Tiefpreis!») Ob die teils inflationäre Verkaufspreisentwicklung dem Handel selber auf Dauer hilft («Kamera, Film, Entwicklung für 5 Franken»), muss angesichts der Magerkalkulation, z. B. im Salärbereich für das Verkaufspersonal, fraglich bleiben.

Ein ganz grosser Renner war auch das Couponwesen, vor 50 Jahren in Amerika gross, aufwendig in der Organisation und bei manchen Händlern unbeliebt. Dann die Selfliquidators, die Angebote, die zu kostentragenden Preisen verkauft werden (Beethoven-Leibchen). Die Verlosungen und Wettbewerbe mit Preisen vom Auto bis zur Asienreise (einer bot einmal als ersten Preis ein Wochenende in Bangkok, als zweiten Preis eine ganze Woche dortselbst). Die bereits gestreiften Produktänderungen. Ausserdem haben wir das immergrüne Thema Werbegeschenke, auch als Zugabeunwesen bekannt, und noch viele hier Nichtgenannte.

### Wenn die Ware zur Zugabe wird

Es wollte mir nie einleuchten, weshalb es unmoralisch sein soll, wenn ein Kind ausgerechnet Kellogg's Cornflakes wegen der beigepackten Trillerpfeife verlangt. Seit bald 20 Jahren verkauft sich die Kinderzeitschrift «Yps» über das beigepackte Gadget, und auch in Italien kauft man, so heisst es, eigentlich mehr die Zugabe als die Ware. Aber wo liegt der Betrug?

Nun gut, wir leben in der deutschsprachigen Welt, die Zugabewesen nun einmal als Unwesen bezeichnet, die Gesetze drücken die erlaubte Preisgrenze für Werbegeschenke und den Aktivierungs-Spielraum sowieso ständig tiefer.

Für den Verkaufsförderer müsste dies ein gefundenes Fressen sein: Statt Geld Hirnschmalz an den Klienten verkaufen und an das Volk verschenken. Genauer überlegt, liegt dort der Schlüssel (wohl auch das Schlüsselloch) zu unserem halben Handwerk.

### Wenn wir nichts zu sagen haben, singen wir es

Ganz allgemein ist anzumerken, dass die Form der Aktion, also das besondere Handwerkliche der Verkaufsförderung, um so wichtiger wird, je weniger man Neues zu sagen hat. «Wenn wir nichts zu sagen haben, singen wir's», hiess es früher.

Alle kleinen Nettigkeiten funktionieren übrigens gut, wenn man seiner Zielgruppe bereits sicher ist. (Der Pressechef eines deutschen Chemiekonzerns hatte einst auf seinem Messestand zusätzlich zum obligaten Cognac eine Schachtel voll kleiner Vexierelefanten als Schlüsselringanhänger für die Reporter. «Die ganze Presse rannte mir die Bude ein nach den blöden Elefanten. Ich musste sie zuteilen.» Da schadete die allgemeine Attraktivität nicht, weil nur Presseleute Zutritt hatten.)

### Hartumkämpfte Zielgruppe: die Hausfrauen

Derartige Zielgruppen auszumachen und abzugrenzen, ist eine Hauptaufgabe des erfolgreichen Verkaufsförderers. Denn die Verkaufsförderung direkt an die Hausfrau im Selbstbedienungsladen ist zwar die weithin sichtbarste und wohl aufwendigste, dafür aber auch die am heissesten um- und bekämpfte. Hingegen bleibt die Hebelwirkung solcher Frontaktivitäten an die Leute in Betrieben und im Handel, die man irgendwie ausspähen kann, leise und ungeahnt stark. Hier hat die früher fast tarifmässige Scotchkiste zu Weihnachten ausgedient: sie war nicht nur teuer, sie war branchenüblich und tat daher nichts zur Freistellung des Schenkers. Allerdings ist zu bedenken, dass der Whisky dort nicht durch Ausbleiben glänzen darf, wo er Ritus geworden ist. Nun gut, man verlegt die interessantere Aktion auf Ostern ...

**Verkaufsförderung, Werbung und Public Relations Hand in Hand**

Nicht zu vergessen ist die Verkaufsförderung nach innen, an die eigenen Leute. Man denkt zuerst an Incentives. Aber es müssen nicht immer nur Bermudareisen für die Verkaufskanonen sein, nicht nur Schmiergelder für Einzelhandelsverkäuferinnen. Dazu gehören ebenso die Aktenkoffer der Aktienfondsvertreter und die Versuche, Uniformen durch modische «Berufskleidung» zu ersetzen, die zwar sehr ähnlich aussieht, aber nicht mit dem militärischen Namen behaftet ist – kurz, alles eigens Geschaffene, was firmenspezifisch und zugleich angenehm ist. Hier verfliessen die Grenzen der Verkaufsförderung, der Public Relations, der Human Relations und der Werbung vollkommen. Und das ist gut so.

- *Kein Werber soll sich schämen, dass er Verkaufsförderung macht*
- *Kein Verkaufsförderer soll scheel auf die Werbekreativen schauen*
- *Beide sollen sich immer wieder an der Verkaufsfront umsehen (die heisst nämlich so, weil dort gekämpft wird)*
- *Das Werbegeschenk soll auf den Begleitbrief aufmerksam machen, nicht umgekehrt*
- *Jedes Marketinginstrument wird irgendwann zum Bodensatz*
- *Gut, wenn jede Managergeneration von den Fehlern der Abgelösten lernt*
- *Auch der abgebrühteste Verkaufsmatador sieht, dass Aktionen mehr Bewegung bringen*
- *Die Verkaufsförderung nach innen – im eigenen Haus – wird oft vergessen*

*Es ist nicht einfach so, dass Werbung hüst und Verkaufsförderung hott wäre. Das meiste, was Werber machen, muss schliesslich irgendwas verkaufen. Aber das Eingeständnis, dass sie eigentlich Verkäufer sind, ist nicht die Art der feinen (Werbe-)Leute – ein Kreativer macht sich am staubigen Verkaufsregal nicht gern die Finger schmutzig.*

## Je abgegriffener die Pflicht, um so bedeutsamer die Kür

Die auch mentale Berührungsscheu vor dem – «schnöden» – Verkaufen ist ganz und gar unangebracht und wohl eine Art Hermes-Komplex. Wahrscheinlich kommt der daher, dass der Herr gleichen Namens nicht nur für den Handel zuständig war, sondern auch für die Taschendiebe.

Über die Zukunft an der Verkaufsfront möchte ich mich nicht weiter spekulativ betätigen. Sicher scheint zu sein, dass wir mit der Unsicherheit werden leben müssen. Dass wir Techniken entwickeln müssen, um neuen Situationen nicht sprachlos zu begegnen. Und dass wir von der Re-Aktion wieder zur Aktion kommen müssen, so wie es gute alte Unternehmerart ist.

**Produkte-Innovation macht stark**

Natürlich wird es nicht mehr so sein wie früher. Auch künftig etwa werden es nicht immer die Produktehersteller sein, die das Sagen haben. Es sei denn, sie investieren – mit tragfähigen Budgets für klassische Werbung – genug in ihre hoffentlich noch starken Marken und verbuttern nicht zwei Drittel ihrer Marketingmittel in Feuerwehr-Aktionen für lahmgewordene Oldtimer. Und es sei denn, sie beschäftigen potente Innovatoren, die ihnen echte Produkte-Unikate entwickeln (auch wenn manchmal schon helfen mag, wenn der Sirupflaschendeckel auf Kinderhändchengrösse reduziert oder der Essigflaschenausguss vergrössert wird).

Dann kann sie auch das aggressive Verteilermarketing, zumindest im Konsumgüterbereich, nicht mehr schrecken.

Es lässt sich also auch nicht länger darüber klagen, dass die Läden als Medium für Markenwerbung am Verkaufspunkt weitgehend verschlossen bleiben und den Verkaufsförderern oft die Hände gebunden sind. (Obschon natürlich frustrierend ist, dass die meisten Detailhandelsketten für Ladenwerbematerial «off limits» sind.)

Aber wenn wir Fantasie entwickeln und Beharrlichkeit und wenn wir nicht immer ins Trickkistchen von Routine und Erfahrung greifen, dann sind auch die Grossverteiler durchaus anfällig für Herstellerwerbung in ihren Läden, wenn der Markenartikler sie ihm nur spendiert – und wenn sie ihnen oder den Kunden nützt und nicht nur dem Lieferanten. Es gibt immer wieder Lücken für massgeschneiderte Werbung am Verkaufspunkt, man muss sie nur aufspüren. Und man muss selbstverständlich (selbstverständlich?) vorher fragen. Man muss also partnerschaftlich handeln.

### Wohl dem, der den Fachhandel für sich nutzen kann

Von Glück kann sagen, wer im weiteren Fachhandel tätig ist, wer also Blumen-, Brot-, Milch- und Schuhmacherläden zur Distribution hat oder Drogerien, Friseure usw. Dort kann man Ladenwerbematerial plazieren wie in alten Zeiten. (Es kommt ja nicht immer nur aufs Umsatzvolumen an, man kann eine Verkaufsstelle auch als Medium für die Werbung einsetzen. Sagen sich die kleineren der Schweizer Schokoladenhersteller und besetzen – wie etwa Chocolats Camille Bloch – die Schaufenster auch der hintersten Bündner Bergtäler mit bühnenreifen Werbedekors.)

Einmal haben wir ein lokales Uhrenfachgeschäft so gefördert, dass es in drei Aktionswochen hundertfünfzig Hochpreisuhren einer bestimmten Marke verkauft hat. Ganz einfach, indem wir am Verkaufspunkt eine Aktion machten, die Uhr – entgegen aller noblen Branchengepflogenheit – «aktionierten». Und das haben wir in ein paar Inseraten gesagt. Daraus wird deutlich, dass, wenn ein Inserat gut verkauft, oft eine Aktion dran schuld ist.

Auch daraus lässt sich auf die Zukunft schliessen: Der niedrige Verkaufspreis ist schon so selbstverständlich geworden, dass er allein niemanden mehr motivieren kann. Es braucht schon neue Reize und neue Wege.

Einer davon ist die Pflege des Atmosphärischen, die Pflege dessen, was man mit dem Wort «Einkaufserlebnis» einmal ganz schön umschrieben hatte. Aber das ist uns dann im Hickhack der letzten Jahre abhanden gekommen. (In diesen Jahren hat die Verkaufsfront ja vor allem deshalb so geheissen, weil dort gekämpft worden ist. Und auf einem Schlachtfeld kann natürlich nichts Neues wachsen.)

Ich meine also, dass es für die Geschäfte immer schwerer werden wird, sich allein über den Preis zu profilieren. Und das kann auch die Hersteller wieder aufatmen und die Markenwerber hoffen lassen: Man wird sich wieder der Pflege der Marken zuwenden können.

Ganz berechtigte Hoffnung für die Zukunft hat auch der Versandhandel mit segmentiertem Angebot, der Prognosen und Trends aufzeigen kann, die recht optimistisch stimmen. Er muss sich schliesslich nicht mit dem Handel herumschlagen, wenn er idealerweise die Kinderwagen auch grad produziert, die er im Direktverkauf anbietet. Ganz sicher wird die Situation im Handel sich noch mehr beruhigen. Und Umgangston und Stilistik werden wieder kultivierter, einige Lagerhallendiscounter tragen sich gar mit dem Gedanken, Events und emotionale Inseln einzubringen.

Überdies finden seit einiger Zeit im Handel ganz enorme Anstrengungen statt, um die Qualität des Verkaufspersonals zu erhöhen, an dem man jahrelang gespart hat. Auch das wird das Geschehen am Verkaufspunkt beeinflussen und damit natürlich die Natur aller Aktivitäten am Verkaufspunkt.

### Den Handel kennen

Damit Werbeleute am Verkaufspunkt aber erfolgreich sind, müssen sie den Verkaufspunkt auch kennen. Ich bin immer wieder irritiert, mit welcher Ignoranz am Verkaufspunkt herumgewurstelt wird. Tatsächlich ist es noch immer die Ausnahme, dass Werbeleute irgendwann einmal in ihrer steilen Karriere «Verkäuferlis» spielten.

Wenn es denn also Rezepte sein müssen, wieder einmal: An einem sonnigen Samstag als Privatier höchstpersönlich auf einem Trödlermarkt verkaufen. Mit einem Aussendienstvertreter auf eine Tagesreise gehen. Einmal einen Reisedekorateur begleiten. Alle Wochen oder Monate einmal auf eine Inspektionstour durch verschiedene Läden gehen: Einkaufszentrum, Bedienungsladen, Warenhaus, Discounter, Cash and Carry usw. Einmal ein Seminar besuchen, an dem nur Leute aus dem Handel teilnehmen. Auch die Fachzeitschriften des Handels und nicht nur die Klatschblätter der eigenen Branche lesen. Und vielleicht sogar das Verkaufsleiter-Diplom machen: Dann ist man nämlich erst noch der bessere Gesprächspartner für die neuen Macher im Handel, die alle nicht nur von der Hochschule, sondern meist auch vom Verkauf her kommen.

Nur wer das Medium Verkaufspunkt kennt, kann erfolgreich Aktionswerbung machen. Und nicht nur dem Hersteller nützlich sein, sondern dem Handel auch den Abverkauf beschleunigen helfen. Denn es ist ja nicht damit getan, dass wir immer grössere Warenmengen in den Handel pumpen, sondern dass wir auch die Voraussetzungen schaffen, die Ware aus den Regalen an die Letztverbraucher zu bringen. Und das ist immerhin der gemeinsame Kunde vom Hersteller und vom Handel.

**Vor dem Hinausverkauf kommt der Hineinverkauf**

Das tangiert noch einen andern, oft vernachlässigten Punkt, in dem oft gesündigt wird. Nämlich das Bestimmen der Zielgruppen in der Verkaufsförderung. Es gibt nämlich immer drei – nicht nur den meist bestens bekannten Endkäufer für den Hinausverkauf. Sondern auch den Zwischenverkäufer und, gänzlich unbekannt, den eigenen Aussendienst – beide für den häufiger viel schwierigeren Hineinverkauf.

Jede dieser Gruppen braucht ihr ganz spezifisches Instrumentarium. Der Hersteller muss akzeptieren lernen, dass der Handel in bezug auf die Marktgestaltung seine eigenen Wünsche hat. Er muss begreifen lernen, dass den Handel die Förderung von einzelnen Marken zur Verschiebung von Marktanteilen der Lieferanten wenig interessiert. Er muss verstehen, dass der Handel kein Verständnis dafür hat, wenn die Lieferantenpromotionen sich rücksichtslos auf dem Regal- und Displayplatz tummeln, der immerhin ihm gehört. Oder noch anders: das Business der Detaillisten ist, Ware umzusetzen und nicht, eine bestimmte Marke zu fördern.

Andererseits ist der Handel durchaus bereit (zum Beispiel schon in der Phase der Produkteentwicklung), partnerschaftlich mitzumachen.

**Stammplatz Regal**

Auch bei der Gelegenheit: Es ist oft die erfolgreichste Massnahme am P.O.S., eine Produkteänderung zu plazieren. Oder wenigstens eine Packungsänderung, die die Sehgewohnheiten wieder einmal aus dem Gleichschritt bringt – und aus dem Stammplatz im Regal. Denn sonst hat man, mit Ausnahme von Aktionen, gar keine Chance mehr, Werbung an den Verkaufspunkt zu verlängern und zweite Verkaufspunkte zu plazieren. Was zur gelegentlichen Aktivierung und Re-Aktivierung der Produkte unerlässlich ist.

Das alles ist wichtig auch deshalb, weil damit deutlich wird, wie schwierig es geworden ist, Werbung der Hersteller am Verkaufspunkt zu plazieren. Und wie wichtig es geworden ist, sich partnerschaftlich zu verhalten. Auch das ist noch immer durchaus neu und hat bei Werbeleuten auch prompt zur Folge, dass sie häufig an den Bedürfnissen der Verteiler, also am Verkaufspunkt, vorbeioperieren. (Was analog auch für alle Dienstleistungen gilt, egal, ob für das Süssgetränk im Gastgewerbe oder für den Abo-Vorverkauf im Kleintheater.)

Werbematerial für die Bühne des Verkaufs muss verkaufspunktgerecht sein. Das heisst, es muss vor allem dem Laden (dem Restaurant, dem Theater) nützen. Nicht uns, den Herstellern und Anbietern. Nicht uns, den Werbern. Nicht uns, den Grafikern. Nicht uns, den Displaymachern.

Da liegt natürlich das Problem: Die, die solches Material kreieren, haben häufig wenig Ahnung vom Markt und von der Situation am Point of Sales. Auf der anderen Seite gehören die, die wissen, was in den Läden läuft, häufig nicht zu den Kreativen. Man wird sich finden müssen. Sehr schwierig ist es nicht, massgeschneiderte P.O.S.-Werbung zu machen, und auch der gestalterische Spielraum ist recht gross. Aber: Handgestricktes ist in der Regel weniger wirksam als professionell Gemachtes. Und – mit Verlaub – Fachleute können es oft besser.

### Verkaufsförderung, das ist meistens eine Aktion

Viel schwieriger ist, werberisch überhaupt an den Ort der Handlung heranzukommen. Einfach ein paar Sachen zu bedrucken, das genügt nicht. Man muss schon viel weiter vorne anfangen, bei der Wahl der richtigen Aktionsform.

Multi-Packs, Selfliquidators, Zugaben, Wettbewerbe, Preisaktionen usw., das lässt sich, wenn es gut gemacht ist, unverändert gut plazieren. Aber die Aktionen ermüden durch ihre ständigen Wiederholungen. Die Rede war schon von regelrechten Wellen, nach dem «Rubbel-Los-Millionen-Fieber» und der Multi-Pack-Manie («bezahlen Sie drei Teflon-Pfannen und nehmen Sie fünf») überflutet uns jetzt wieder einmal die Wettbewerbswelle: Die Leute wollen einfach nicht auf ihre Träume – und Traumpreise – verzichten, sie wollen halt immerzu gestreichelt werden. Sie wollen immerzu Zusatznutzen, und sie wollen nie Produkte, nur um ihren Bedarf zu decken.

### Am besten verkauft der, der ein Produkt am stärksten emotionalisiert

Vielleicht ist das der Grund, warum auch Animationen immer stärker an Bedeutung gewinnen, die sich als «Events» im Marketing etablieren. Ich meine damit all die Aktivitäten mit Schaucharakter, all die Attraktionen aus dem Unterhaltungsbereich. Diese Form von Aktion am Verkaufspunkt ist garantiert immer erfolgreich. Weil sie publikumswirksam und gelegentlich auch spektakulär ist.

Wenn der Olympionike im Verbrauchermarkt einen Müsli-Snack signiert und der Formel-Eins-Weltmeister Poster für Heuer-Chronographen, so ist das eben nicht der nackte Kommerz, der da wirkt, sondern das vielzitierte Menschliche.

Das heisst, dass solche Animationsaktionen so empfunden werden, als würden sie zur Freizeit gehören. Und Freizeit ist der Lebensbereich, den die Leute subjektiv als frei empfinden. Sie sagen: Dann kann ich machen, was ich will. Was *ich* will. Entsprechend fühlen sie sich in diesem Bereich als Konsumenten für einmal nicht als Objekt manipuliert, sie sind im Rahmen dieser freien Zeit gut ansprechbar.

Und deshalb sind Aktivitäten, die dieses Bedürfnis nach Selbstverwirklichung und persönlicher Lebensqualität ohne Zynismus aufgreifen und ernst nehmen, ausnahmslos erfolgreich. Denn nicht wahr: je abgegriffener das Hauptprogramm ist, desto bedeutsamer das Begleitprogramm.

Es geht also auch darum, dass wir Verkaufsförderer und Werber uns nicht bloss als Verkäufer verstehen lernen, sondern ein bisschen auch als Animatoren. Damit unsere Aktivitäten auch tatsächlich Handlungen auslösen.

Wir müssen lernen, immer wieder kritisch zu reflektieren, was im Verkauf passiert. Und wir müssen dabei auch die Entwicklung der gesellschaftlichen Verhältnisse – den vielzitierten «Zeitgeist» – und die Bedürfnisse der Leute im Auge behalten. Oder noch konkreter: Der Kunde wird nicht so sehr das Produkt beurteilen, das er kaufen wird oder kaufte. Er wird in dieses Urteil immer auch die Situation des Kaufs mit einbeziehen. Also die Ambiance («das Ambiente»), die Stimmung, das Versprechen, das Umfeld, den Erlebniswert des Angebots. Und darauf einzuwirken haben wir als Werber und Animatoren ja gelernt.

- *Das Hersteller-Marketing muss von der Re-Aktion wieder zur Aktion finden*
- *Die Fachgeschäfte sind besser zugänglich als die Verkaufsstellen der Grossverteiler*
- *Verkaufsförderer und Werbeleute müssen die Verkaufsfront kennen*
- *Ausser der obligaten Marketing-Zielgruppe Käufer gibt es die häufig wichtigeren Zielgruppen Handel und Aussendienst*
- *Starke Marken brauchen keine Aktionen*
- *Die animatorisch starken Aktionen bringen die besseren Resultate*

*Wer den schmalen, steilen Pfad zum Verkaufserfolg einschlagen will, muss auch den breiten Weg zum Misserfolg kennen. Denn es gilt, die Stolpersteine zu umgehen, aus denen er aufgebaut ist.*

## Der Weg zum Verkaufserfolg, Fegefeuer oder Paradies?

Der Weg zum Misserfolg ist mit guten Vorsätzen gepflastert. Das geflügelte Wort nimmt die Bequemlichkeit auf die Schippe, die gefasste Vorsätze gleich wieder vergessen lässt. Doch ist diese Vergesslichkeit nur ein Kiesel im Pflastermuster der bequemen Strasse Misserfolg.

Viele von uns kennen dieses kitschig gemalte, frömmlerische, aber einprägsame Bild, das ein Gleichnis aus der Bibel illustriert (Matthäus-Evangelium, Kapitel 7, Verse 13 und 14), die bekannte Geschichte vom bequemen Weg, der in die Verdammnis führt, und vom steilen, steinigen Büsserweg, auf dem der Pilger ewige Seligkeit erlangt.

Das Bild lässt sich leicht analysieren, verändern, individualisieren, es ist einprägsam, regt zum Weitermalen an und eignet sich auch ausgezeichnet für die berufliche Erfolgsanalyse oder als Kompass auf der beruflichen oder unternehmerischen Höhenwanderung, denn Fegefeuer oder Paradies sind Alternativen, die es auch im Berufsleben gibt.

Die bildhafte Vorstellung lässt sich direkt ins rauhe Klima der Berufswelt übertragen. Es müssen nur die Originaltexte des frommen Bildes mit Sprüchen überklebt werden, die zur Szene des Verkäuferalltags passen. Das sind dann – der schmale Weg! – die *Erfolgsthesen*, zum andern – der breite Weg! – die *Killerphrasen*. Sie zuerst:

### Genussorientiert leben

Gegen die Maxime «Das Leben ist kurz – man lebt nur einmal» ist grundsätzlich nichts einzuwenden, geniessen ist ein Menschenrecht. Doch richtig geniessen kann nur, wer seinen Fähigkeiten entsprechend etwas leistet. Genuss als Belohnung ist legitim. Wer jedoch mit der

Grundhaltung an seinem Sessel klebt, arriviert zu sein und sich als Minimalist das Maximum an Genuss leisten zu können, stellt sich vor die eigene Karriere und gleichzeitig vor den Erfolg seines Unternehmens. Damit ist nicht der gelegentliche Hang zum Dolcefarniente gemeint, in dem sich jedermann zeitweise regeneriert, sondern die Genusssucht, für die der ausgesprochen faule Mensch schliesslich einen hohen Preis bezahlt.

**Nach mir die Sintflut**

Après moi le déluge – wer so denkt, schadet nicht nur seiner Firma und den Kunden der Firma oder den Kollegen, Mitarbeitern und Vorgesetzten, sondern im Endeffekt auch immer sich selbst. Das schlechte Image, das er sich dabei einhandelt, wird er später kaum wieder los. Und etwas vom Kostbarsten, das er besitzt, nimmt Schaden: sein Selbstwertgefühl. «Was kümmert mich, was nach mir kommt? In absehbarer Zeit bin ich sowieso pensioniert. Ich lasse mein gut angelegtes Geld für mich arbeiten, brauche mich also nicht weiter anzustrengen. Sollte in diesem Jahr das Umsatzziel nicht erreicht werden, lässt mich das kalt.» Gedanken dieser Art sind Alarmzeichen.

**Die Umgebung nervt mich**

«Ich verschanze mich in meinem klimatisierten Büro und lasse mich von meinen Vorzimmerdamen abschirmen.» Auch diese Einstellung ist gefährlich – sich abkapseln ist in jeder Position, die mit Dienstleistung oder Verkauf zu tun hat, eine Todsünde. Auch in der Werbung kann es sich keiner leisten, den Eremiten zu spielen. Da in der rundum harten Konkurrenzsituation aggressives Verkaufen angezeigt ist, gilt es, permanent die eigene Kontaktfähigkeit zu fördern. Freilich sind im Kontakt mit Mitarbeitern und Geschäftspartnern nicht immer Sympathien, sondern – oft und leider – auch immer wieder Antipathien im Spiel. Doch muss man damit umgehen lernen.

### Das haben wir schon immer so gemacht

Ausgetretenen Pfaden zu folgen ist die bequemste Art, sich im beruflichen Dschungel zurechtzufinden. Warum also den Kurs ändern? Die Antwort ist einfach: Konformismus ist nicht mehr gefragt. Sture Konformisten sind Bremsklötze – befinden sie sich in leitender Position, hemmen sie ausser sich selbst auch den Betrieb und direkt sogar den wirtschaftlichen Fortschritt der Branche, möglicherweise sogar die Wirtschaft des Landes. Das will nicht heissen, dass in bestimmten Krisen- und Gefahrensituationen nicht die Bremsen gezogen werden müssen. Doch wer immer wieder im falschen Augenblick auf die Bremsen steht oder die Bremsen sogar dauernd drückt, handelt falsch.

### Das ist mir alles Wurst

Nichts darf demjenigen Wurst sein, der selber kein kleines Würstchen ist. «Life is Xerox you are just a copy.» Das ist für Karrieristen ein verbotener Satz, denn solche Selbstunterschätzung und Minderwertigkeitsgefühle wirken sich im Geschäftsleben verheerend aus. Diese Gefühle und Einstellungen führen direkt in die Resignation und einen Fatalismus, der in lähmende Wurstigkeit ausufern muss. Bosse und Kaderleute dürfen nicht einfach die Rolle des starken Mannes im Nadelstreifenanzug spielen, sie müssen tatsächlich stark sein. Stärke gehört zur Position in der Chefetage. Selbstverständlich lösen sich auch am Direktionspult Augenblicke der Stärke mit Momenten der Schwäche ab. Doch wer Schwäche überwindet, ist dem Starken eine Pferdelänge voraus.

### Nur nicht ein Leben lang lernen

Schlaumeier merken in der Regel bald, dass um so weniger von ihnen verlangt wird, je weniger sie wissen und leisten können. Eine Taktik, die scheinbar funktioniert, letztlich aber dennoch in eine Sackgasse führt. Um permanente Weiterbildung kommt auch der Vorgesetzte nicht herum. Das Angebot ist vielfältig und jedermann zugänglich. Im Marketing und in der Kommunikationsbranche ist es vom Kurs und von der Tagung über das Seminar bis zur Literatur geradezu beispielhaft.

**Nach Büroschluss werfe ich den Handschuh**

Eine Mentalität, die sich vielleicht der Mann im blauen Übergewand noch leisten kann; für Kaderleute bleibt die 35-Stunden-Woche aber Luxus. Die Arbeit des Leitenden hat eine kreative Komponente, sein Pflichtenheft sieht zwischen den Zeilen das Entwickeln von Ideen vor. Ideen – wer weiss das besser als die Berufskreativen – führen ein Eigenleben, ihr Erscheinen ist unberechenbar. Sie passen nicht in die Zwangsjacke des Siebenstundentages. Der Kreative muss sich ergo davor hüten, sich in Selbstmitleid aufzulösen, wenn «es» auch in ihm arbeitet, während er am Steuer sitzt oder gelegentliche Schlafstörungen hat. Da hilft nur die positive Einstellung zum schöpferischen Vorgang und Dankbarkeit für die Belohnung, die sich in Form von guten, in die Praxis umsetzbaren Ideen und Problemlösungen einstellen wird.

**Reden ist Silber, Schweigen ist Gold**

Manchmal stimmt es, manchmal nicht. Wer schweigt, wenn geredet werden müsste, verpasst mitunter ein Geschäft. Verkäufer im Innen- und Aussendienst, auch die Werbeleute, müssen aktiv verkaufen – und sei es nur die eigene Leistung – und das heisst reden, und reden ist Arbeit. Redliche Arbeit heisst in diesem Zusammenhang reden im Sinne von überzeugen und nicht von überreden, denn nur überzeugte Kunden sind treue Kunden.

**Eines Tages sind alle Probleme gelöst**

«Sobald ich die Probleme a, b und c gelöst habe, bin ich von allen Problemen befreit.» Wer so denkt, programmiert seine eigene Frustration. In Wirklichkeit haben gelöste Probleme die Tendenz, sofort Junge zu kriegen, völlig ohne Probleme ist man nie, in Wirklichkeit löst man sie, um Platz für neue zu schaffen. In der Problemkiste herrscht ein ständiges Kommen und Gehen, Dauerprobleme verändern sich permanent wie die Aktienkurse. Am besten, man macht sich einen Sport daraus, Probleme zu lösen. Erfolgreiche Leute sind stolz darauf, sich zu routinierten Problemlösern entwickelt zu haben. Die Fähigkeit des Problemlösens lässt sich trainieren, und es gibt in diesem Bereich geistige Hochleistungssportler. Es muss ein gutes Gefühl sein, vor sich selbst als Champion zu gelten.

**Gefühle und Gedanken zeige ich nie**

«Nur keinen seelischen Striptease vor meinem Chef, meinen Mitarbeitern, meinen Kunden machen.» Auch das ist eine falsche Einstellung. Wer aus Furcht, sich eine Blösse zu geben oder aus falscher Scham aus der eigenen Seele eine Mördergrube macht, wirkt auf seine Mitmenschen als «Plastik». Solche Unpersonen sind weder interessant, noch werden sie ernst genommen, noch traut man ihnen zu, dass sie etwas zu sagen haben. Das schafft auch die Bezeichnung «Direktor» auf der Visitenkarte nicht aus der Welt.

Gefühlshemmungen sind Blockaden, die man beheben muss. Am besten, man entspannt sich und bemüht sich um Gelassenheit. Im Ausdruck «Gelassenheit» ist das Wort «Lassen» enthalten. Loslassen können ist das Geheimnis der Gelassenheit. Wer sich zum Loslassen von allem durchringt, wer sich zu einer gewissen Demut erzieht, reift als Mensch. Ein gereifter Mensch hat auch das Format, Gefühle und Gedanken zu äussern, wenn immer dies zum Vorteil seiner Mitmenschen oder seiner selbst nötig ist. Wer seine Kunden als Mitmenschen betrachtet und diesen mitunter Gefühle zeigt, schafft eine Vertrauensbasis. In einem Klima des Vertrauens spricht sich der Kunde zudem auch im Falle aufgetretener Schwierigkeiten leichter aus.

**Für die Realisation fehlt das Geld**

Die Verwirklichung guter Ideen kostet meist eine Stange Geld – mitunter mehr Geld, als es das Budget erlauben würde. Budgets sind wie Gartenumzäunungen, was darüber hinauswächst, schränken sie ein. Doch manchmal macht es sich für die Firma bezahlt, wenn der Gartenhag gesprengt und das Terrain erweitert wird. Wer eine wirklich gute Idee hat, sollte für deren Verwirklichung kämpfen und wenn nötig lernen, wie man Ideen verkauft. Für die firmeninterne Durchsetzung einer Idee im Bereich von Marketing und Verkauf lohnt es sich, Unterstützung bei einer ausgewiesenen Beratungsagentur zu holen. Schon manch ideenreicher Insider hat in einem gewieften Ideenverkaufsprofi einen engagierten Anwalt gefunden.

**Ich habe eine bequeme Nische gefunden**

Kommentar überflüssig: Wer so denkt, ist bald einmal weg vom Fenster.

Und nun zu den versprochenen Erfolgsthesen. Sie führen – wen wundert's zum steilen, steinigen Weg, der den Gipfelstürmer aber schliesslich sicher zum Ziel bringt. Wer diesen Weg nimmt, wird überrascht feststellen, dass er weniger anstrengend ist, als er aussieht. Sollte er streckenweise mühsam sein, wird die sukzessiv erworbene, bessere Kondition weiterhelfen.

**Der Weg ist weit, doch wir werden es gemeinsam schaffen**

Es gibt eine Grundeinstellung, die uns weiterbringt: «Ich bin OK, du bist OK, wir sind OK» Vertrauen in sich selbst, in die Mitarbeiter und Geschäftspartner ist die beste Voraussetzung, die gesteckten Ziele zu erreichen. Empfehlenswert ist jedoch, von vornherin Flops und Enttäuschungen einzukalkulieren. Rückschläge gehören zum beruflichen Abenteuer. Wer ein gewisses Mass an Niederlagen erwartet und als normal einstuft, spart die Energie, die das Verhindern von Risiken und das Verarbeiten von Enttäuschungen abverlangt, und ist in der Lage, die gesparte Energie konstruktiv einzusetzen.

**Jedes Vorwärtskommen besteht in der Kunst der kleinen Schritte**

Bei jedem schwer erreichbaren oder weitgesteckten Ziel hilft die Vorstellung, dass zunächst nur der erste Schritt getan werden muss. Ist er gemacht, folgt der zweite Schritt, dann der dritte und so weiter. Diese Schrittmethode bewährt sich überall, sogar beim Werbetexten, beim Ausarbeiten eines Konzeptes, beim Erstellen eines komplizierten Mediaplans oder eines Budgets, bei der Entwicklung einer Strategie, bei allen umfangreichen, schwierigen oder auch bei unangenehmen Aufgaben.

### Positives Denken

Dem Vater des positiven Denkens Emil Coué, Apotheker in Nancy, fiel auf, dass Medikamente die bessere Wirkung erzielten, wenn er sie den Kunden mit der Bemerkung «das hilft Ihnen ganz bestimmt» verkaufte. Dies zeigte ihm, was positive Autosuggestion bewirkt. Weiter fand er heraus, dass positive wie negative Gedanken und Vorstellungsbilder die Tendenz haben, sich zu verwirklichen. Aufgrund dieser Erkenntnisse begründete er seine berühmt gewordene Lehre. Zahlreiche Autoren haben nach ihm bestätigt und belegt, dass man den Erfolg gedanklich herbeiführen kann. Dies kann man nachlesen bei Joseph Murphy *(Gesetze des Denkens und Glaubens und das Wunder ihres Geistes)*, Napoleon Hill *(Gedanken sind Taten)*, Alfred Bierach *(Persönliches Image – Schlüssel zum Erfolg)*, Robert Sharpes und David Lewis *(Schlüssel zu Glück und Erfolg)* und vielen anderen. Kleindenker kommen nie auf einen grünen Zweig.

### Positiver Stress schadet nicht, er stimuliert

Keine Angst vor Stress: Nur negativer Stress macht krank. Stress somit, der Gefühle der Unlust, des Nichtgenügens oder Nichtkönnens, der Ohnmacht und der Überforderung produziert. Ein gerüttelt Mass an Arbeit, Termindruck und Verantwortung belastet nicht, wenn das Tageswerk effizient erledigt und die Kunst des Organisierens und Delegierens beherrscht wird.

### Spickzettel mit W-Fragen

Wenn immer eine Lösung für ein Problem, gleich welcher Art, gefunden werden muss, hilft der Spickzettel mit den sechs analytischen W-Fragen: «Wer, was, wo, wann, wie, warum.» Clevere Kaderleute pinnen sich diesen Zettel an die Wand. Denn er hilft, in jedem Dschungel Klarheit zu schaffen.

### Klima, Kameradschaft, Kommunikation, Kreativität

Das ist eine weitere nützliche Stichwortliste für die Pinnwand, eine Liste mit lauter K-Begriffen. Sie haben einen gemeinsamen Nenner:

die Kontinuität der Pflege, deren jede dieser Qualitäten bedarf. Denn eigentlich sind Klima, Kameradschaft, Kommunikation und Kreativität das beste Kapital des Teams in der Chefetage.

**Macherlaune ist mein Motor**

Wer die Kunst beherrscht, sich selbst in Macherlaune zu versetzen – dafür gibt es die verschiedensten Methoden –, vermehrt die eigene Kreativität im Quadrat. Und das Schöne daran: Macherlaune ist so ansteckend wie gute oder leider auch wie schlechte Laune. Denn ob sie es wollen oder nicht – Bosse und Chefs sind Klimamacher.

**Job on the top, life on the rock**

Wer sich in leitender Position befindet, dem bläst der Wind stärker um die Ohren. Exponiert zuoberst auf dem Felsen, ist man allen klimatischen Widrigkeiten ausgesetzt. Man trägt die Hauptverantwortung, die Anforderungen sind gross. Die Gipfelposition hat aber auch positive Seiten: Wer zuoberst steht, geniesst einen weiten Horizont, besitzt Weitblick, hat Überblick. Er muss ihn nur nutzen.

**Zauberformel AIDA**

Marketer kennen es: «Attention, Interest, Desire and Action.» Aufmerksamkeit und Interesse erwecken, dann eine Aktion in Gang bringen, um die Ernte einzufahren, damit ist die Dramaturgie jeder Verkaufshandlung trefflich skizziert. (Wer sich diese Formel lieber in Goethes Sprache merkt, kann sich an den Slogan «FIMA ist prima» halten. Damit sind die Verben faszinieren, informieren, motivieren und animieren gemeint, und auch sie umschreiben genau das, was jeder Verkäufer, Erzieher, Vorgesetzte, Menschenführer tut bzw. tun müsste, um seine Ziele zu erreichen – ohne Anwendung dieses Rezepts ist kaum auszukommen.)

**Der Erfolg hängt am Mut**

Wer oben steht, hat gelernt, Vertrauen zu wecken, zuzuhören, zu überzeugen und aktiv zu verkaufen (wenn es denn sein muss, auch

Weihwasser an den Teufel). Er ist sich bewusst geworden, dass Kundennähe, Aufgeschlossenheit, Kontaktfreudigkeit und ein Klima der Sympathie für die Arbeit an der Front entscheidend sind. Er hat erfahren, dass schneller zum Ziel kommt, wer sich präzise und realistische Ziele setzt und schrittweise vorgeht. Sein Berufsbarometer schwankt zwischen Hochs und Tiefs – sein Selbstvertrauen ist der Dow Jones seiner Persönlichkeit.

Doch er hat sich ein gesundes Mass an Bescheidenheit bewahrt, weil er weiss, dass auch er nur mit Wasser kocht und dass auch er das Unmögliche nicht immer möglich machen kann. Er gestattet sich selbst, zwei Seelen in seiner Brust zu haben – neben der geschäftstüchtigen noch eine gelassene. Denn die gelassene balanciert den Stress aus, den die geschäftstüchtige produziert.

Fontane (nicht Goethe) schrieb: «Der Erfolg hängt am Mut.» Wer die Erfolgsleiter guten Mutes erklimmt, gelangt mit geringerer Anstrengung ans Ziel, wer das Ziel ohne Umwege erreichen möchte, zeichne deshalb zuerst ein für ihn selbst massgeschneidertes Wegmuster mit seinen individuellen Killerphrasen und Erfolgsthesen.

- *Geniessen ist Menschenrecht, doch hat Faulheit einen hohen Preis*
- *Nur wer immer sein Bestes gibt, kann sich von seinem Selbstwertgefühl tragen lassen*
- *Ein Verkäufer, der sich von der wirklichen Welt abschottet, begeht eine Todsünde*
- *Sture Konformisten sind Bremsklötze*
- *Stillstand ist Rückschritt*
- *Ideen führen ein Eigenleben, sie haben keinen Siebenstundentag*
- *Aktiv verkaufen heisst reden, reden, reden*
- *Gelöste Probleme bekommen umgehend Junge*
- *Wer aus seiner Seele eine Mördergrube macht, den versteht man bald als «Plastik»*
- *Budgets sind oft wie Gartenumzäunungen*
- *Ich bin OK, du bist OK, wir sind OK*
- *Grosse Ziele erreicht man leichter mit kleinen Schritten*

- *Positive Gedanken verwirklichen sich*
- *Nur negativer Stress macht krank*
- *In einer sorgfältigen Analyse des Problems liegen oft schon Lösungen*
- *Macherlaune ist ansteckend*
- *Gipfelpositionen erlauben Weitblick*

TEIL ZWEI

# Spezielles zur Verkaufsförderung

*Hermeskomplexe sind am Ort der Handlung hinderlich*

*Der Laden ist das effizienteste Medium, der Point of Sales ist dem Produkt Bühne für effektvolle Selbstdarstellung. Verkaufsförderung am P.O.S. ist Zweiwegkommunikation – und sie verstärkt die Emotionalität des Einkaufs. Nur Kenner der Szene und Menschenkenner gelangen an diesem strategisch entscheidenden Punkt zum Erfolg: Madame Emma und Monsieur Grossverteiler lassen grüssen.*

## Erlebnisbühne für Marken-Revitalisierung

Ein herausragendes Charakteristikum der üppigen Konsumgesellschaft ist der Trend zum Emotionskonsum. Klevere Marketer, Werber und Promoter haben erkannt, dass man Spontankäufe durch personalisierten Kontakt stark fördern kann und verstehen sich schlicht als Verkäufer im Wissen darum, dass über das Schicksal der Markenartikel letztlich an der Verkaufsfront entschieden wird.

Die Sehnsucht nach emotionalen Einkaufserlebnissen wurzelt einerseits im eskalierenden Hang der vielzitierten Freizeit- und Wohlstandsgesellschaft, zu geniessen, was auch immer sich zum Genuss anbietet (wobei der Genuss am intensivsten ist, wenn der X-, Y- oder Z-Typ selbst ins Geschehen involviert ist), und andererseits in seinem legitimen Bedürfnis nach Sicherheit, Vielfalt und Action im Angebot.

Mit dieser Wunschliste hat sich auch das Anforderungsprofil an die Macher an der Verkaufsfront verändert, und Sales Promotion gewinnt rapid an Bedeutung, wurde gar zur Königsdisziplin des Marketing.

### Brillanter Animator

Die Spielwiese der Verkaufsförderung lässt eine Vielzahl von Aktionen zu. Von ihnen werden zahlreiche unkonventionelle Impulse ausgelöst, welche die klassische Werbung nicht (oder zufolge der Reizüberflutung nicht mehr) erzeugen kann. Sie geben die nötigen zusätzlichen Anreize, nachdem der günstige Preis nicht mehr der alleinige, grandiose Motivator ist.

Nummer eins unter den Motivatoren und Animatoren an der Verkaufsfront ist somit nicht das Discount-Dumping (welcher Verteiler profiliert sich heute nicht über den Preis), sondern die facettenreiche Verkaufsförderung mit der Durchführung zeitlich befristeter und örtlich definierter Aktionen:

- Sie bietet dem Verbraucher auf ihrer schillernden Palette von Aktionsformen zusätzlich zum Produkte-Grundnutzen attraktive Extras – das Sekundäre schiebt sich vor das Primäre, das (spannende) Begleitprogramm dominiert über das (langweilige) Hauptprogramm.
- Sie lebt von der Chance, den Verkaufspunkt mit Action und Animation erlebnisstark zu bereichern.
- Sie bringt das Produkt ins Rampenlicht, das heisst weg von seinem Schattendasein am Stammplatz im Regal auf die beleuchtete «Bühne» des Verkaufslokals.
- Sie bildet die ideale Plattform für Massnahmen des Merchandising und ermöglicht unter anderem den Einsatz einer Vielzahl von Werbemitteln am Point of Sales.
- Sie bewirkt, dass der Kunde länger im Geschäft verweilt, und erhöht unter Umständen sogar die Frequenz, was den Filialisten beziehungsweise den Detaillisten freut.
- Sie vermittelt die Werbebotschaft in spielerischer, unterhaltsamer Form, was ihr höheren Beachtungsgrad verleiht (ein Inserat erreicht im Schnitt gerade noch eine Beachtungszeit von zwei Sekunden).
- Sie vertieft beim Publikum die Erinnerung und setzt diese am P.O.S. in aktive Handlung, in Re-Aktion um, während der Impact bei der klassischen Werbung oft gering ausfällt.
- Sie belebt die Einkaufsatmosphäre generell wie speziell (wovon auch das Gesamtangebot profitiert) und aktiviert die Kaufbereitschaft für das geförderte Produkt – gewecktes Interesse kann sich umgehend in Konsum umwandeln, Spontankäufe beschleunigen die Rotation.
- Sie gibt einem Produkt oder einer Dienstleistung oft den rar gewordenen USP (Unique Selling Proposition, also das alleinige – einzigartige – Verkaufsmerkmal), der es dem Konkurrenzartikel gegenüber unvergleichlich macht.

- Sie ruft Reaktionen, Feedback (Lob, Kritik und Anregungen) hervor (klassische Werbung ist fast immer eine Einbahnstrasse, Verkaufsförderung dagegen Zweiwegkommunikation).
- Sie löst beim Verbraucher positive Wirkungen aus: private Erlebnisbefriedigung, mitunter sogar ein Wir-Gefühl, was heisst, dass sich der Konsument mit dem Produkt, der Promotion, dem Personal, dem P.O.S. identifiziert.
- Sie verleiht umgekehrt der klassischen Werbung dank der Direktkontakte mit der Kundschaft am Kaufort belebende Impulse.

**Im Team auf dem Tandem**

Dennoch ersetzt Verkaufsförderung am Verkaufspunkt die klassische Werbung nicht: klassische Werbung bringt Pull, Verkaufsförderung erzeugt Push. Beides ist angesagt, beides funktioniert nur im Team auf dem Tandem. Hüst- und Hottstrategien sind kontraproduktiv. Allein die konzertierte Aktion und das einheitliche – vernetzte, integrale! – Konzept und Erscheinungsbild erzielen optimale Verkaufserfolge. Zudem gilt unverändert die Regel: Jede Aktion am P.O.S. muss mit Hilfe von klassischer Werbung angekündigt und von ihr begleitet werden. Für jedes animierende Extra gilt es, die Werbetrommel zu rühren (leider oft zu Lasten der Produktebotschaft, denn Hauptdarsteller der Aktionswerbung ist das animierende Extra, nicht die Marke).

Doch wann ist Verkaufsförderung am Medium (!) Verkaufspunkt besonders angesagt? Zum Beispiel: Wenn es – mit Pauken und Trompeten – ein neues Produkt zu lancieren oder zu relaunchen gilt. Wenn einer Stagnation entgegengewirkt und der Verkauf in einem bestimmten Produkte- oder Sortimentsbereich wiederbelebt werden soll. Wenn der berechenbare Lebenszyklus eines Produktes abzuklingen beginnt. Wenn die Konkurrenz uns dazu zwingt. Oder wenn die klassische Medienwerbung Ermüdung zeigt.

Eine goldene Regel lautet: Einmal im Jahr braucht jedes Markenprodukt eine Revitalisierung im Regal, weshalb diese «Belebungsspritze» im Marketing-Mix ein planerisches Muss und eine strategische Konstante sein soll

**Der Händler befiehlt...**

Tatsache ist aber auch, dass der Weg, den der Hersteller beziehungsweise sein Verkaufsförderer zu nehmen hat, steil und steinig ist: Noch ist sich gar mancher Geschäftsinhaber, Filialleiter, Einkäufer oder Handelspartner der Rolle des Verkaufslokals als eigentliches Medium für die Produktewerbung zu wenig bewusst und verschliesst Marken und Zulieferern aus verschiedensten Gründen die Türen. Und wie die Praxis zeigt, genügt es nicht, wenn die Trickkiste des Sales Promotors lediglich mit Erkenntnissen aus Routine und Erfahrung gefüllt ist – gefragt sind hier wie überall in der Vermarktungsbranche Marktnähe, Kreativität, Fantasie, Einfühlungsvermögen, Überzeugungskunst und vor allem Kenntnis des Mediums selbst, das Nähe zur Verkaufsfront voraussetzt.

Grundsätzlich gilt es, sich mit dem Fact zu befreunden, dass sich einerseits der Verkäufermarkt in einen Käufermarkt und andererseits das Herstellermarketing in ein Verteiler- und Handelsmarketing verwandelt hat, womit der Händler heute eindeutig am längeren Hebel ist. Zudem besteht zwischen Hersteller und Handel am Verkaufspunkt ein Interessenskonflikt: Der Produzent möchte verständlicherweise nur das eigene Produkt forcieren, der Wiederverkäufer ist in ebenso einleuchtender Weise am Absatz der gesamten Produktegattung interessiert. Schliesslich besteht das Business des Detaillisten im Umsetzen von Waren und nicht im Fördern bestimmter Marken.

**...der Produzent zahlt**

Der Detaillist lässt sich daher am ehesten für Aktivitäten und Präsentationen am P.O.S. motivieren, wenn ihm einerseits garantiert werden kann, dass die geplante Verkaufsförderungsaktion zusätzliche Kunden ins Haus bringen wird oder mehr Rotation sichert und wenn für ihn andererseits das Preis-Leistungs-Verhältnis stimmt. Im Klartext heisst das: wenn der Produzent den Hauptanteil der Promotionskosten selber trägt. Wer also Aktionen und Werbematerial für den P.O.S. konzipiert, muss mitberücksichtigen, dass Verkaufsförderung nicht nur die Zielgruppe Käufer anzusprechen hat, sondern immer auch den Verkäufer: Zu bewerben sind – national oder regional, aber stets kanalgerichtet – sowohl der Handel (Hineinverkauf) als auch der Verwender und

Verbraucher (Hinausverkauf), und oft genug auch der eigene Aussendienst (vom Innendienst und möglichen Beeinflussern noch gar nicht zu reden).

## Gefragt ist Massgeschneidertes

Der Kollege vom Marketing und der Art Director sollten den Krämer Keller kennenlernen, bevor sie sich ans Konzipieren machen. Das heisst, sie müssten sich gelegentlich gemeinsam mit dem Aussendienstmitarbeiter oder dem Reisedekorateur auf Tournee begeben, um Leute und Läden vor Ort zu studieren und das Raumangebot für P.O.S.-Aktivitäten in den Einkaufszentren, Warenhäusern, Discountern, Cash and Carrys oder Fachgeschäften, Bedienungsläden, Kiosken und Verkaufswagen zu rekognoszieren. Die Akzeptanz für Laden-Werbematerial steigt beim Wiederverkauf nämlich signifikant, wenn massgeschneiderte Lösungen präsentiert werden.

Im – gut übersehbaren – Schweizer Food-Markt zum Beispiel gibt es um die 7000 Verkaufsstellen, von denen die freien Detaillisten – als Einzelkämpfer – gemeinsam etwa 16 Prozent des Umsatzes machen. Den Goliathanteil am Kuchen haben die Grossverteiler mit ihren Filialen, und der Trend zum Grossbetrieb hält weiterhin an.

## Auch Kleinvieh macht Mist

Doch wie es hier und dort unfein heisst: Auch Kleinvieh macht Mist, und so gesehen ist selbst das unscheinbare Lädelchen um die Ecke eine Plattform für P.O.S.-Werbung, vor allem weil es noch ein Schaufenster hat, was als Werbemedium schon wieder Gold wert ist. Fazit für den Verkaufsförderer: Dem extrem unterschiedlichen Raumangebot gilt es mit differenziertem P.O.S.-Material Rechnung zu tragen.

P.O.S.-Material soll vor allem ladengerecht sein, es muss in erster Linie dem Geschäft nutzen – Displays, die in der wohligen Wärme des grafischen Ateliers als «l'art pour l'art» gestaltet werden, sind nicht gefragt. Doch leider haben viele Gestalter von Ladenwerbematerial kaum eine Ahnung vom Markt draussen, während sich andererseits zahlreiche Verkäufer oft nicht vorstellen können, nach welchen Kriterien sich die Kreativen richten. Da wird man sich finden müssen.

Eine unumgängliche Voraussetzung ist zudem, dass die grafische Gestaltung solcher Werbemittel mit der Gestaltung der übrigen – begleitenden – Werbung übereinstimmt. Je einheitlicher die Botschaft, desto markanter der Impact und um so mehr Ware gelangt in den Einkaufskorb, was um so einleuchtender ist, als nachweislich 65 Prozent der getätigten Käufe Spontankäufe sind.

Der Händler spielt mittlerweile nur noch dann mit, wenn eine Aktion – teils lange zuvor – mit ihm abgesprochen und auf die bestehenden Verhältnisse abgestimmt worden ist, in seine eigene Jahresplanung übernommen wurde, wenn er also zum Voraus sein OK gegeben hat.

Verkaufsförderung für Markenprodukte (der Hersteller) auf der Verkaufsfläche (des Verteilers) lässt sich nur partnerschaftlich realisieren: Hersteller und Händler ziehen – auf Basis einer Komplizenschaft – am gleichen Strick.

**Nichts für Schreibtischtäter**

Wichtig ist die Wahl der Aktionsform, denn sie ist Modeströmungen unterworfen. Der Selfliquidator-Welle folgten die Multi-Pack-Mode und das Wettbewerbsfieber. Der Kunde ersteht Produkte eben nicht mehr allein, um seinen Bedarf zu decken – er will stimulierende Extras, Zusatznutzen, er möchte nicht auf Traumreisen verzichten und schon gar nicht auf die Bestätigung seiner Überzeugung, dass er König sei.

Dies dürfte auch der Grund sein, weshalb Events, also Aktivitäten mit Showcharakter und Attraktionen aus dem Unterhaltungsbereich. immer beliebter werden. Diese publikumswirksame, gelegentlich auch spektakuläre Form von Aktion ist nicht zufällig so erfolgreich: Die Rezipienten ordnen sie dem Freizeitbereich zu, dem Lebensbereich also, in dem sie sich subjektiv am freiesten fühlen. Der Konsument fühlt sich hier in einem Element, in dem er sich garantiert nicht als manipuliertes Objekt versteht. Daher ist er auch problemlos ansprechbar, denn hier kann er etwas aus reiner Lust tun, fern jeder absichtsvollen Berechnung.

Also geht es auch darum, dass sich der verkaufsfördernde Werber nicht bloss als Verkäufer versteht, sondern auch als Animator, der das Bedürfnis der meisten Menschen nach Selbstverwirklichung und persönlicher Lebensqualität ohne Zynismus anerkennt und ernst nimmt. Dafür muss er die gesellschaftlichen Entwicklungen – die Megatrends

– im Auge behalten, um flexibel auf veränderte Verhältnisse reagieren zu können.

Werbefähig ist am Verkaufsprodukt indes nur, wer über ein eigenes, einsatzfähiges Team für die Frontarbeit am Verkaufspunkt verfügt. Allein die von langer Hand zu treffenden organisatorischen Vorbereitungen sind anspruchsvoll – wer im rauher gewordenen Klima im Markt mithalten will, muss die Ärmel hochkrempeln und anpacken können:

Verkaufsförderung am Point of Sales ist kein Job für Schreibtischtäter.

- *Ein Inserat kann mit nur zwei Sekunden Beachtungszeit rechnen*
- *Eine Verkaufsaktion macht aus der Einbahnstrasse Werbung aktiven Dialog*
- *Am Point of Sales verwandelt sich Interesse umgehend in (Kauf-)Handlung*
- *Jedes Produkt, jede Dienstleistung, braucht einmal im Jahr eine Revitalisierung am Ort der Handlung, am P.O.S.*
- *Der Kreative braucht den Input von der Verkaufsfront*
- *Auch Kleinvieh macht Mist*
- *Je ganzheitlicher die Bewerbung, um so mehr Ware geht über die Theke*
- *Die Aktionsextras unterliegen Modeströmungen*
- *Der Verkaufsjob ist nichts für Schreibtischtäter*

*Die vielen Möglichkeiten der Verkaufsförderung zu nutzen ist für den freien Fachhandel Chance und Herausforderung.*

## Die selbstangelegten Fesseln des Fachhandels

Drei Hypothesen belasten Fachgeschäfte vor allem: Erstens könnte die Konkurrenzsituation, in der sich alle Branchen befinden, längerfristig die Existenz gefährden. Zweitens engen Standesordnungen, Konventionen und Werbereglemente den im Handel sonst allgemein üblichen Spielraum für umsatzsteigernde Massnahmen häufig empfindlich ein. Drittens hat der Kunde Formen des Einkaufs und Verbrauchs und ein Verhalten entwickelt, das ihn für den Verkäufer überraschend und unberechenbar macht.

Es seien daher die Möglichkeiten und Grenzen untersucht und das Pro und Kontra der Fesseln, die sich die Fachhändler zum Teil selbst angelegt haben. Es ist gegeneinander abzuwägen, Grundsätzliches und scheinbar Gesichertes zu hinterfragen.

### Ethik contra Verkaufsförderung

Viele freie Fachhändler – man denke an die Buchhändler glauben wahrscheinlich, aktive Verkaufsförderung, hard-selling, sei unvereinbar mit der Ethik ihres Berufsstandes. Sie verstehen ihre Aufgabe als Dienst am einzelnen Kunden, sie sehen ihre Rolle praktisch ausschliesslich darin, dessen Diener zu sein.

Andererseits gibt es ja nichts Neues unter der Sonne. Verkaufsförderung gab es auch schon; es hat sie immer wieder gegeben.

Erstens sind Verkaufsförderungsaktionen erfolgreicher, wenn sie Geschichten erzählen, einen gewissen Unterhaltungswert haben, an den Spieltrieb des Publikums appellieren, die bestehende oder zukünftige Kundschaft aktiv an der Aktion beteiligen.

Zweitens verlangt jede Zeit wieder andere Mittel, Medien, Methoden, Ideen, Aktionen: Verkaufsförderung ist dem Wandel so sehr unterworfen, wie sich das zwischen fünf- und fünfzehntausend verschiedene Artikel enthaltende Warenangebot der Verkaufslokale in den letzten paar Jahrzehnten laufend veränderte.

Nicht geändert hat sich im Fachgeschäft jedoch der Grundsatz, nach dem das Fördern und Pflegen einer treuen Stammkundschaft das verlässlichste Mittel ist, die Umsätze zu steigern.

**Fein orchestrierte Beratung**

Und jetzt darf ich an eine wichtige Tatsache erinnern: Der Verkäufer, der sein Bestes für eine dauerhafte Bindung seiner Kunden an das eigene Geschäft gibt, bringt damit sogar ein kommerzielles Ziel mit der Ethik seines Berufsstandes auf den gleichen Nenner. Denn je länger und besser ein Fachhändler und ein Kunde einander kennen, desto günstiger sind die Voraussetzungen für eine optimale Beratung, die meist zu Mehrverkäufen führt. Wer also Kunden zu Stammkunden macht und Kundentreue fördert, muss deswegen kein schlechtes Gewissen haben – weder seinen Kollegen noch irgend jemandem gegenüber. Denn eine langjährige Beziehung mit stets dem gleichen Fachgeschäft ist auch für den Kunden positiv.

Wie schafft man sich nun eine Stammkundschaft? Natürlich: Treue Kunden gewinnt man in erster Linie durch die psychologisch fein orchestrierte Beratung. Jeder wird in Gedanken jetzt beifügen «und natürlich durch die fachmännische Qualität dieser Beratung». Selbstverständlich. Denn wer sich gut ausgebildet und reichlich praktische Erfahrungen gesammelt hat, braucht keinen Verkaufsförderer, der ihm etwas ohnehin Selbstverständliches nahelegt.

Ein Apotheker zum Beispiel beherrscht die fachliche Beratung im weiten Feld der Selbstmedikation, der Verwendung und Anwendung von Arzneimitteln, von deren Wirkungen, Nebenwirkungen und Unverträglichkeiten aus dem Effeff – auch die Beratung im Kampf gegen die falsche Verwendung von Medikamenten oder den Missbrauch gehört zu seinem täglichen Brot. Und ein Fachhändler in Unterhaltungselektronik weiss meist auch ohne fremde Hilfe, wie er seine Lager abbaut, bevor die neue Saison die neuen Geräte hereinspült. Doch sei die Frage erlaubt, wie es mit der zwischenmenschlichen Qualität der Fachberatung steht, ob sich der Fachverkäufer auch in schwierigen

Situationen allein auf seine selbsterworbenen Fach- und Menschenkenntnisse verlassen kann.

Gerade weil in diesem Metier ein hohes Mass an Menschenkenntnis vorausgesetzt wird, seien hier vier Testfragen gestellt:

- Ist die Begegnung mit Kunden für Sie jederzeit vertrautes Terrain, und wenn ja, sind Sie überzeugt, dass Ihre Sicherheit immer berechtigt ist?
- Verstehen Sie immer, was Ihre Kunden erwarten, hoffen, befürchten, wissen möchten oder wissen müssen?
- Sind Sie in jedem Fall sicher, ob ein Kunde Beratung benötigt oder wünscht? Oder sind Sie sicher, dass er wirklich keine Beratung möchte, wenn er keine Fragen stellt?
- Finden Sie im Gespräch mit Kunden stets die richtigen Worte und den richtigen Ton? Gelingt Ihnen die Gratwanderung, die Sie unternehmen müssen, um einerseits als fachlich kompetente Respektperson aufzutreten, andererseits jedoch nicht überheblich zu wirken, in jedem Fall?

Man wird aufgrund selbst dieses grobmaschigen Hinterfragens schlussfolgern müssen, dass Fachhändler in vielerlei Hinsicht ein Leben lang zu lernen und wohl nie ausgelernt haben.

### Sich fit halten

Permanente Weiterbildung ist sowohl zum Vorteil des Kunden als auch unerlässlich für die Verkaufsförderung, sie ist damit für die Zukunft des Fachgeschäfts absolutes Muss. Der Fachhändler hilft sich selbst, seinen Kunden, seinem Berufsstand, ja der ganzen Volkswirtschaft, wenn er fortbildende Kurse besucht (auch ausserhalb des engeren Fachbereichs!), Weiterbildungsprogramme nutzt (auch solche der Produzentenpartner!) oder andere Angebote ausser Haus (die Lektüre der Verbandszeitung genügt nicht mehr!): Überall gibt es viele sehr dynamisch programmierte Erfa-Gruppen.

Aber es ist nicht genug, sich selber fit zu halten. Auch das Verkaufspersonal muss laufend geschult werden, wünschenswert auch hier: über den engeren Fachbereich hinaus. Diese permanente Weiterbildung ist keine leichte Aufgabe und zudem kann sie reichlich Geld und Zeit kosten, doch ist sie im Interesse aller beteiligten Gruppen und, wen wundert's, unerlässlich für die Verkaufsförderung.

Die unabhängigen Fachhändler beschäftigen – in der Schweiz zum Beispiel – durchschnittlich drei Mitarbeiter, die an der Verkaufsfront eine äussert wichtige Rolle spielen. Es genügt daher nicht, als Patron und Fachmann auf der ersten Verkaufsebene optimale Leistungen zu erbringen, die zweite Ebene – die Plattform des Personals – muss ebenso tragfähig sein.

Es war schon die Rede davon, dass die fachliche und psychologisch geschickte Beratung selbstverständlich erwartete Grundleistung, Wissen ausserhalb des Fachbereichs und insbesondere Marketingwissen aber überlebenswichtig sind.

Auch dieses Know-how ist überall greifbar – ein breitgefächertes Angebot an Kursen und Literatur steht zur Verfügung. Jeder kann von allem, was sich in betriebswirtschaftlicher Hinsicht anbietet, nach freier Wahl profitieren. Und vor allem auch kann jeder das Weiterbildungsangebot und die verkaufsfördernden Ideen für sich nutzen, welche die führenden Produktehersteller für ihre Partner im Handel entwickeln. Solche Angebote – absichtsvoll, doch meist werbefrei – haben zudem den angenehmen Nebeneffekt, völlig gratis zu sein.

Nun seien zwei Thesen formuliert, die von zentraler Bedeutung sind: Zum einen ist der Einsatz von verkaufsfördernden Massnahmen ein Gebot der Stunde, weil die Zahl der Fachgeschäfte massiv zugenommen hat (Apotheken in der Schweiz zum Beispiel um 21 Prozent). Das heisst, Fachgeschäfte müssen für ihren Fortbestand künftig marktwirtschaftlicher als bisher geführt werden, wenn sie trotz immer mehr Mitbewerbern rentabel arbeiten wollen.

Zum andern ist der Fortbestand von Spezialgeschäften wichtig, weil sie für ungezählte Menschen mit kleineren oder grösseren Problemen erste Anlaufstelle bleiben, was sie auch weiterhin zur kompetenten Beratungsstelle macht – die Litanei vom PC-Kunden, der sich im Fachhandel informiert und beim Grossdiscounter eindeckt, entlarvt nur den Unwillen über veränderte Umstände und die Schwäche, Besuchskontakte für Mehrumsatz zu nutzen.

Die Sandwichsituation des Fachhändlers zwischen den Grossverteilern, die ihm bereits einen zu grossen Teil vom Kuchen abschneiden und den Interessen von Produzenten und Kunden ist unbequem. Auch deshalb sind für alle jene, die sich nicht bereits in umsichtiger Weise neu definiert haben, Umdenken und Kurskorrekturen angesagt, denn: «Wer zu spät kommt, den straft die Geschichte.»

Es ist davon auszugehen, dass es noch vielerlei Berührungsängste abzubauen gilt.

Die Fachhändler stehen der Verkaufsförderung zwar wesentlich näher als ihre Vorgänger im Amt, was durchaus mit gewandeltem Selbstverständnis zusammenhängt: Um den ziemlich unnahbaren, um nicht zu sagen überheblichen, über das angeblich banale Verkaufen haushoch erhabenen Fachmann alten Stils heute noch live zu erleben, der sich höchstens gesprächsweise mit der Kundschaft einlässt, um dann den Gehilfen fürs Einpacken und Zahlen herbeizuwinken, muss man weit reisen, beispielsweise nach Griechenland.

Die Verkäufer der Vergangenheit schafften mit ihrer Autorität eine Distanz, die zum Glück ein gutes Stück weit abgebaut worden ist, und prompt hat es sich gezeigt, dass es Kompetenz und echter Autorität nicht schadet, wenn der Profi der Kundschaft freundlich entgegenkommt.

Es dürfte bei den geänderten Verhältnissen dem sprichwörtlichen Suchen nach einer Stecknadel im Heuhafen gleichkommen, wollte man noch einen Fachhändler finden, der sich davor fürchtet, die Hände am Kundengeld schmutzig zu machen. Selbst für blendend weisse Apothekerpersönlichkeiten und menschenverachtende Luxusboutique-Flaggschiffer gibt es wenig Grund, die Finger von der Verkaufsförderung zu lassen, denn hier sind Mehrumsätze planbar und machbarer als mit herkömmlichen Methoden.

Unaufmerksame Marktbeobachter haben diese Wandlung vielleicht nicht persönlich mitverfolgt. Doch die Entwicklung des Marktbearbeitungsinstruments Verkaufsförderung ist eine Metamorphose. (Weil sie zum Leidwesen der Profis von Feuerwehraktionisten und Heckenschützen lange Zeit als Tummelfeld missbraucht wurde, litt die Verkaufsförderung nicht zu Unrecht oft unter ihrem negativen Image.)

## Macher mit gutem Geschmack

Andererseits war die professionell ausgeübte Kunst der Verkaufsförderung schon immer besser als ihr Ruf, konnten sich doch auch in diesem Spezialgebiet schon immer Macher mit gutem Geschmack durchsetzen. Und je mehr kreative und verantwortungsbewusste Professionelle sich mit ihr befassten, um so deutlicher wurde aus diesem Kellerkind des Marketings ein Hoffnungsträger der Wirtschaft.

Ein zentraler Punkt in der Verkaufsförderung ist der Verkaufspunkt. Daher gelten für eine erfolgreiche Verkaufsförderung im Fachgeschäft unter anderem die folgenden Grundsätze:

- Der Laden ist das Medium
- Das Produkt des Fachhändlers ist sein Laden
- Das Extra an Leistung und das Werbematerial auf der Verkaufsfläche (und im Schaufenster) besorgen die Inszenierung

Das Fachgeschäft ist aus der Sicht der Kundschaft die Bühne – die Produkte sind die Darsteller. Zugegeben, viele Warengruppen und Produkte werden nie die Ausstrahlung beispielsweise der Kleider in der schicken Modeboutique oder des gelackten Alfa-Romeo-Super-Modells in der Zentralgarage oder des rötlich beleuchteten Sonntagsbratens in der Metzgerei haben. (Pharmazeutika etwa sind verpackt, nicht greifbar, zu einem schönen Teil nur gegen Rezepte erhältlich. Sie sind beratungsintensiv, für den Kunden nicht ohne weiteres verständlich und verwendbar. Schlimmer noch: Der Kunde weiss von einem grossen Teil des Angebots nicht einmal, was er damit machen kann.)

Das alles kann die Wirkung einiger Waren und Displaymöglichkeiten einiger Verkaufsbranchen erheblich einschränken. Hinzu kommt das alte Vorurteil der Kundschaft, die Preise im Fachgeschäft seien zu hoch – die sprichwörtlich gewordenen «Apothekerpreise». Das ist eine schwer zu beseitigende Altlast, die man mit Information über effektive Mehrleistung und geeigneten Public-Relations-Massnahmen umgehend ausrotten muss.

## Die heiligen Hallen beleben

Nicht nur das Fachgeschäft, das wegen der Natur der dort verkauften Waren zu wenig aktive Ausstrahlung hat, muss das kompensieren. Jeder tut gut daran, seinen Verkaufspunkt permanent zu beleben, zu aktivieren. Dieses Ziel erreicht man jedoch nur, wenn man einen vielerorts liebgewordenen Traum begräbt: dass das spezialisierte Fachgeschäft jederzeit so gediegen wie ein englischer Herrenclub oder so antiseptisch wie eine postmoderne Champagnerbar auszusehen hat.

Stehen wir dazu, dass spezialisierte Fachgeschäfte gleich wie alle anderen Detailgeschäfte Verkaufslokalitäten sind, in denen Ware umgesetzt wird. Und da die Produkte, die hier über den Ladentisch gehen, nicht immer ausreichende Eigenschaften besitzen, um selber attraktive Akteure und «Selbstläufer» zu sein, braucht es am Point of Sales Werbe-, Animations- und Dekorationsmaterial. Displays, Rotairs, Fahnen, Plakate, Tafeln, kurz: all das farbenprächtige Zeug, von dem viele glauben, es vertrage sich nicht mit der Ambiance des gepflegten Interieurs, es schade dem Image des Fachgeschäfts, ja der ganzen Branche, es stehe ihnen nur im Weg.

In Wirklichkeit übernimmt dieses Material die Inszenierung, es unterhält die Kundschaft, vertreibt ihr die Zeit, lädt sie zum Verweilen ein, lässt sie sich wohlfühlen und stimmt sie ein für das Gespräch, das am Anfang des Abschlusses steht. Und lässt sie dann wiederkommen.

Dabei sind auch Schaufenster optimal: Sie sind die unverwechselbare Visitenkarte des Fachgeschäfts, sie helfen den Kunden, die Schwellenangst zu überwinden und sich auf den Stil des Hauses einzustimmen. Mit der Schaufenstergestaltung signalisiert man den Leuten auch, dass man seine Aufgabe nicht allein in der volkswirtschaftlichen Verpflichtung sieht, die Bevölkerung mit Waren zu versorgen, sondern dass man auch freundnachbarlich beratend mitwirken will, in einer Sprache, die kundennah und nicht einfach Fachsprache ist.

An Themen, die eigenen Schaufenster zu gestalten, fehlt es wirklich nicht. Es lassen sich hier Produktumfelder thematisieren, Funktionen von Geräten vorführen, die Geschichte des Fachbereichs beschreiben, Fragen der Kunden und Verwender beantworten, gesellschaftliche oder lokale Themen aufgreifen. Und man kann Externen – zum Beispiel einer Künstlergruppe oder Vereinen – vorübergehend Gastrecht gewähren und sich damit Publizität und oft breitere, wohlwollende Aufmerksamkeit sichern. Natürlich soll man sich darüber freuen, wenn dabei die Kosten für die Schaufensterdekors von den eingeladenen Gästen übernommen werden, und natürlich soll man auch die Angebote der Zulieferpartner oder Fachverbände für sich nutzen.

Gut ist aber auf jeden Fall, in Zusammenarbeit mit dem eigenen Personal selber so viel Kreativität als möglich freizusetzen – da hängt vieles vom Klima ab. Erfolgreich sind kleine Wettbewerbe, bei denen man Gewinner sein kann, und alle andern Hausaktionen: Aktivitäten, auf die man dann auch im Schaufenster hinweisen kann.

Natürlich soll man das so attraktiv, so informativ, so farbenfroh und so lebendig wie möglich gestalten. Und sich die Mühe nehmen, es alle drei Wochen einmal zu erneuern. Auch, wenn das in jedem Falle Mehrarbeit bedeutet, bleibt man als Fachgeschäft dauernd mit seinen Kunden und, was noch wichtiger ist, mit potentiellen Kunden in gutem Kommunikationskontakt.

Sind die hier empfohlenen, ja nicht weltbewegenden Massnahmen bei aller guten Absicht gar nicht zu realisieren, weil sie durch Berufsverbandsreglemente eingeschnürt sind, etwa mit Formulierungen, «die Kundeninformation hat in angemessener Form und Aufmachung zu erfolgen, und der Fachhändler hat die ihm zur Verfügung gestellten Werbeträger kritisch zu prüfen»?

## Verbleibende Freiheiten rigoros nutzen

Ein Fachhändler, den ein solches Reglement «zum eigenen Schutz» in Werbung und Verkaufsförderung krass einengt, sollte dabei nicht vergessen, dass es – wie jedes andere Reglement – gewissen Raum für Interpretation und damit ein wenig Bewegungsfreiheit lässt. Eine Freiheit, die es, ohne achtenswerte Grundsätze zu strapazieren, rigoros zu nutzen gilt, wenn Berufsethik und berechtigte kommerzielle Anliegen kollidieren. Es ist dann nach dem folgenden Grundsatz zu leben:

Jawohl, ich respektiere den noblen Artikel der Standesordnung meines Berufsverbandes, laut dem ich das Wohl des Kunden und der Öffentlichkeit vor meine persönlichen Interessen zu stellen habe. Aber ich habe ein Recht darauf, und im Überlebensinteresse meiner Branche sogar die Pflicht, in jenen Bereichen verkaufsfördernde Anstrengungen zu unternehmen, in denen es nicht nur dem Kunden, sondern auch mir selber nützt.

Ein Apotheker etwa kommt praktisch täglich in die Lage, einem Kunden mit aller Überzeugungskunst von einem Kauf abzuraten. Etwa wenn er verlangte Medikamente, Chemikalien, Heilmittel und Hilfsmittel verweigern muss, weil sich der Kunde besser in ärztliche Behandlung begeben sollte, oder wenn Grund zur Annahme besteht, dass er oder Drittpersonen dadurch gesundheitlich geschädigt werden könnten.

Dieser Fachhändler erbringt Leistungen, für die er nicht honoriert wird, ja die ihm oft nicht einmal den Dank und oft sogar den Groll des Kunden einbringt. Weil dies kompensiert werden muss, ist er geradezu berechtigt, Zusatzverkäufe zu tätigen, auch wenn das Wort «Zusatzverkauf» in vielen Branchen und bei vielen Kollegen noch immer ein rotes Tuch ist. (Buchhändlerpioniere wie das Basler «Lipresso», die in ihren heiligen Hallen auch noch Espresso ausschenken, wissen ein Lied davon zu singen.)

Es ist nicht einzusehen, warum dieser Apotheker nicht fragen soll, ob sie zu Hause noch einen ausreichenden Vorrat an Hustensirup, Halswehtabletten, Brusttee, Nasentropfen und Papiernastüchern hat, wenn die Mutter für ihr grippekrankes Kind Fieberzäpfchen holen kommt. Und es hat auch keine rationalen Ursachen, wenn Buchhändler zum Beispiel weiterum und oft ganz persönlich unter den vermeintlich hohen Verkaufspreisen der Bücher leiden, die sie anzubieten haben, und dann aus Angst vor dem Unwillen ihrer Kunden nur selten solch aufwendige Zusatzdienstleistungen verrechnen wie etwa das Besorgen bestimmter Titel.

Sicher ist, dass sich noch ganz andere Dinge für Zusatzverkäufe und Mehrumsatz eignen, weshalb es sich lohnt, einmal gründlich zu überlegen, was ausser dem Stammsortiment sonst noch alles in Frage kommt.

**Das Warenmuster ist oft Liebesbeweis**

Überprüft werden sollte auch die Abgabe von Warenmustern. Auch hier gibt es vielerlei Einschränkungen von vielerlei Werbereglementen. Doch es liegt am Chef des Fachgeschäfts und an seinem Personal, die sich bietenden Gelegenheiten der Musterabgabe besser als bisher zu nutzen. Muster sind als Give-aways kleine Geschenke, die die Freundschaft erhalten, Zeichen von Aufmerksamkeit, die aus einem Gelegenheitskunden einen Stammkunden, einen Sympathisanten oder gar einen Freund des Hauses machen können. Die Kundenzeitung, die der Berufsverband für die Verteilung zur Verfügung stellt, darf nicht der einzige Zusatznutzen sein, den der Kunde vom Besuch mit nach Hause nimmt.

Mir ist eine Standesordnung bekannt, die allen Ernstes insistiert: «Das Verbandsmitglied (das Fachgeschäft!) unterlässt jede unfaire Konkurrenzierung seiner Kollegen. Es verzichtet insbesondere auf Eigenwerbung ausserhalb seiner Ladenräumlichkeiten, wenn dadurch die legitimen Interessen von Berufskollegen beeinträchtigt werden.»

Da ist zu fragen, ob es die behüteten Interessen von Berufskollegen beeinträchtigt, wenn der marktorientierte freie Fachhändler sich entschliesst, aufgrund des Adressenmaterials, das er über die Jahre anhand von Rechnungen, Hauslieferungsaufträgen und Garantien oder in Zusammenhang mit früher durchgeführten Aktionen gesammelt hat, eine hauseigene Kundenzeitung zu verschicken als wirkungsvolles Vehikel für die Verkaufsförderung. Nein, niemand verbietet dem geschätzten Kollegen um die Ecke, selber Kreativität zu entfalten und seinerseits eine Gazette herauszugeben – das erlauben ihm die Gesetze der freien Marktwirtschaft.

Es ist ein offenes Berufsgeheimnis: Verkaufen beginnt im Kopf. Je besser es gelingt, in Chancen zu denken, um so schneller und anhaltender kommt der Verkaufserfolg, trotz aller Hindernisse, die der Alltag zu vielen Fachhändlern (und Ärzten, Anwälten, Treuhändern sowieso!) in den Weg stellt.

- *Was gestern ein Hit war, ist morgen ein Flop*
- *Die Selbständigkeit freier Fachhändler verführt zu Fehleinschätzungen*
- *Reines Fachwissen ist zu eng*
- *In heiligen Hallen verkauft man nichts*
- *Schaufenster bauen Schwellenängste ab*
- *Mehrumsatz ist planbar*
- *Auch Werbereglemente geben Spielraum und sei es nur zur Interpretation*

- *Fehlende Ausstrahlung und nicht honorierte Leistung will kompensiert werden*
- *Kunden bei der Stange zu halten ist schwieriger, als sie zu bekommen*

*Noch immer geht die Meinung um, der Handel fühle sich erpresst, weil sich die Produzenten mit ihrer Werbung direkt an den Konsumenten/Kunden richten, ohne den Handel zu integrieren. Der Vorwurf ist blauäugig, denn die Industrie versuchte den Handel erst ernsthaft zu umgehen, nachdem dieser sich sperrte und Verkaufsförderungsbemühungen des Produzenten als Einmischung ablehnte.*

## Der Laden ist das Medium

Zwischen dem Produzenten und dem Handel gibt es tatsächlich einen Interessengegensatz: Der Hersteller will die eigene Marke forcieren, während der (Detail- und Fach-)Handel aus solchen Verlagerungen meist keinen Vorteil zieht, denn nicht das einzelne Produkt liegt in seiner Verantwortung, sondern der Umsatz der ganzen Produktegruppe. Zudem möchte er nicht von einem starken Produktezulieferer abhängig werden.

Dabei ist jedoch zu bedenken, dass echte, herkömmliche Marken überhaupt erst Voraussetzung für die Handelsmarken waren: Man lehnt sich an die Markenartikelwerbung an und behauptet, ebenso gut, aber preisgünstiger zu sein. Der Handel muss also auch deshalb an starken Marken interessiert bleiben und die spezifischen Hersteller nicht seinerseits ignorieren.

Jetzt zu den Zugangsschwierigkeiten der Produzenten und ihrer Werbeagenturen beim Handel. Ist der freie Detailhandel tatsächlich ein «Stiefkind der Werbung»? Naja, sicher. Aber was heisst das? Es heisst ganz einfach: Der Laden ist das Medium. Daraus ergibt sich alles Weitere von selbst.

### Vernünftiger Rausschmiss

Vor einem Vierteljahrhundert beschäftigte einer der grössten amerikanischen Filialisten, Safeway, 14 Werbeagenturen, um seine Hausmarken in der konzerneigenen Frauenzeitschrift «Family Circle» anzupreisen.

Und an einem schwarzen Tag erhielt der Werbeleiter bei Safeway den Befehl, alle 14 Agenturen hinauszuschmeissen. Volkstrauer. Nur der Agenturchef mit dem kleinsten Safeway-Budget beglückwünschte den Werbeleiter: «Ich finde den Entschluss durchaus vernünftig. Die Anzeigen, die wir für Euch gemacht haben, sind sehr gute Anzeigen. Aber in jedem einzigen Ihrer Geschäfte haben Sie eine grössere Anzeige, als Sie in irgendeinem Werbeträger je kaufen könnten: Sie haben die Ware selbst. Man kann vorbeigehen, man kann sie sich ansehen, sie ist dreidimensional und in herrlichem Technicolor. Sie können sie in die Hand nehmen, sie fühlen. Sie können sie sogar kaufen. Dort, auf der Stelle. Das ist die wertvollste Werbung, die Sie sich nur träumen lassen können. Und wenn Sie mit dieser Zeitschrift, die Sie nur in Ihren Filialen verkaufen, eine Auflage von fünf bis sechs Millionen erreichen, denken Sie doch an die Zielgruppe, die die Zeitschrift nicht kauft. Diese Zielgruppe muss 50 bis 60 Millionen betragen, und Sie haben sie vollkommen umsonst.»

Das war lange her und in einem fernen Land. In den letzten paar Jahren ist jedoch gerade im deutschsprachigen Raum eine ähnliche, aber neue Erkenntnis im Werden, dass es nach einem nicht enden wollenden Ladensterben und überlebenswichtigen Deregulierungen bald wieder einmal so viele freie Detailhändler gibt, dass ihr gebündeltes Umsatzvolumen dann wieder so attraktiv sein wird wie ehedem.

Nun ja. Die gesunde Vernunft sowie selbst die primitivste Management-Wissenschaft lehren, dass wir uns auf die umsatzträchtigen Verteiler, die Grossverteiler, konzentrieren und das berühmte «Kleinvieh» erst in zweiter Linie berücksichtigen sollten.

### Wissensaufstockung statt Selbstzufriedenheit

Die Selbstzufriedenen, die es leider tatsächlich gibt, lassen sich mit der Erkenntnis abspeisen, dass die Grossverteiler das Gros des Umsatzes bringen und sehr mächtig und sehr eigenwillig sind. Vielleicht haben sie auch davon Wind bekommen, dass heute die Grossverteiler die Markenartikler das Fürchten lehren, und nicht wie in idyllischen Nachkriegszeiten umgekehrt.

Dieses Wissen nun ist so unangreifbar und ungefähr auch so aktuell wie die Grundsätze des verewigten Gottlieb Duttweiler. Aber das

Unübersehbare, das sich inzwischen getan hat, nimmt man lieber nicht zur Kenntnis. Und die grosse Funktion der Werbeleute in diesem Umfeld wird gar nicht erst erkannt, nämlich dass sie die Aussendienstler des Produzenten motivieren.

Hier richtet sich die berühmte «Reklame» erstens nach innen – an die eigenen Leute. Sie richtet sich zweitens nach aussen – an den Handel, der das Gefühl braucht (ob gerechtfertigt oder nicht, ist Nebensache), der Hersteller bringe Kunden ins Haus, und tatsächlich richtet sie sich drittens und letztens an den Endverbraucher. Wir Werber reden also von Amtes wegen nicht nur zum Fenster hinaus, sondern wir gehen gewissermassen auch nach hinten los.

Was die angesprochene vornehme Distanz betrifft, haben wir Nahkämpfer in den letzten Jahren mit Genugtuung an der eigenen Haut erfahren, dass die Grossverteiler nicht allein eigenes Marketing machen, sondern auch daraus gelernt haben: Sie erkennen inzwischen, dass reiner Preiskampf nicht mehr viel bringt. Die sogenannte Verbraucherin erwartet inzwischen überall Sonderangebote – irgendwer macht's immer irgendwo vorübergehend billiger. Vom schädlichen Ruf dieser Art «Marketing» abgesehen: Keiner kann mehr auf die Dauer der Billigste sein, weil es inzwischen jeder manchmal kann.

Das Ergebnis bei den Grossverteilern ist, dass sie zwar immer noch auf Preise und Konditionen aus sind. Aber nicht nur darauf. Ihr neues Marketingwissen hat ihnen gezeigt, dass jede Profilierung heute auf andere Mittel angewiesen ist. (Da bieten sich Ansatzpunkte zu Partnerprogrammen.) Peter Kaufmanns legendäre «Kauferlebnisse» bei Globus haben den Erfinder zwar nicht im Amt halten können, und die Stapelwaren-Regale mögen weniger aufregend als Modeboutiquen sein, aber die Grundidee erweist sich immer mehr als goldrichtig.

## Waren als Teil der Kultur

Die englische Anthropologin Mary Douglas sagt in ihrem Buch *Die Welt der Güter:* «Anstatt anzunehmen, dass Güter vornehmlich dem Lebensunterhalt und dem Wettstreit der Prahler dienen, unterstellen wir lieber, sie würden benötigt, um die Kategorien der Kultur sichtbar und stabil werden zu lassen. Jeder Ethnograph geht davon aus, dass alle materiellen Gegenstände des Besitzes Träger gesellschaftlicher Bedeutung sind.»

Der materielle Besitz eines Stammes gewährt Nahrung und Schutz und muss auch so verstanden werden. Es ist aber ebenfalls offensichtlich, dass die Güter einen weiteren wichtigen Nutzen bieten: sie errichten und unterhalten gesellschaftliche Beziehungen. Dieser Ansatz zum Verstehen des materiellen Aspektes von Dasein gewährt eine viel reichere Einsicht in gesellschaftliche Bedeutungen als etwaiger nackter individueller Konkurrenzgeist ... Wenn es heisst, die wesentliche Funktion der Sprache sei diejenige als «Träger der Dichtung», wollen wir unterstellen, dass die Hauptaufgabe des Verbrauchs die Fähigkeit ist, einen Sinn zu ergeben. Vergessen wir, dass Waren als Nahrung, Bekleidung und Behausung dienen. Vergessen wir ihre Nützlichkeit und probieren wir statt dessen die Vorstellung, dass Waren – Güter – der sichtbare Teil der Kultur sind.

Sie sind daher auch ein Bestandteil jenes Vorgangs, den ich immer wieder gern als «Animation» oder «Beseelung des Publikums» anspreche – etwas, wofür «Marketing» nur ein schmutziges Fremdwort ist.

Wie gesagt, die besten Leute bei den Verteilern fangen an, dies einzusehen, und es ist an uns von der Angebotsseite, sie nach Kräften dabei zu unterstützen. Tun wir das richtig, so sind wir in den Konzernhochburgen gern gesehen, können massgeschneiderte, abgestimmte Programme einbringen und vielleicht sogar manchmal unser Zeugs in die Regale.

Was gibt es nun zu machen?

**Kreativität statt Ignoranz!**

Die beiden Begriffe bedürfen hier einer Definition. Man sollte vielleicht lieber sagen, «Menschenkenntnis statt Verbrauchernormung». Die praktische Kreativität ist schliesslich nur dann möglich, wenn wir wissen, mit wem wir es zu tun haben. Und dieser Wer ist ja jemand, ob Würzburger Einkaufsvorstand oder Basler Hausfrau – auf jeden Fall kein «Verbraucher», der bekanntlich bloss dazu gut ist, unsere fantastischen Produkte zu verschlingen.

Die guten Köpfe bei den Grossverteilern sind in diesem Zusammenhang längst wieder in den Bedienungsläden in der Schule – wie gibt sich ein Filialist als Mensch anstatt als Institution?

Menschenkenntnis und das Schöpferische erfordern gleichermassen Fantasie und Einfühlungsvermögen. Es ist die alte Geschichte: Ein

Inserat, ein Sonderangebot, überhaupt jede Animation ist kein Schützenfest, es ist eine Angelpartie! Der Köder hängt nicht am Haken, sondern im Appetit der Forelle.

Auch hier möchte ich einer leider weitverbreiteten Vermutung meiner verehrten Reklamekollegen entgegentreten, nämlich, dass man sich dank der Kreativität den Achselschweiss ersparen kann. Ein Kreativdirektor brauche nicht zu wissen, wie der Geldwechsler an der Kasse funktioniere, dafür habe er (hoffentlich) seine Leute. In unserer Agentur und ein paar anderen hiess es dagegen: Selbst ist der Mann.

Wir sind «die Leute». Ziehen Sie etwa Glacéhandschuhe zum Bau einer Strandburg an? (Das ist doch die letzte Verquickung von Kreativität und Handwerk.)

Schon lange betrübte es mich, auf Seminaren und Fortbildungskursen des Handels kaum Lernwillige aus der Reklame anzutreffen. Aber dann sah ich einen meiner Fachschüler Trödel auf einem Flohmarkt verscherbeln – ich engagierte ihn auf der Stelle für meine Werbeagentur. (Soviel den Kopfjägern ins Stammbuch.)

Das mit dem Achselschweiss (und den aufgekrempelten Ärmeln und den schmutzigen Händen) hat auch damit zu tun, dass Verkäuferhaltung erfolgreicher ist statt Komplexe. (Letztere fasse ich gern als «Hermes-Komplex» zusammen: Man will einer der Götter sein und den Sterblichen Segnungen und Gnadenakte zuteilen. Wobei daran zu erinnern ist, dass der Götterbote auch der Patron der Diebe war. Vielleicht macht es dieser Konflikt meinen Kollegen so schwer, sich als Verkäufer zu verstehen.)

Neben «Verkäuferhaltung statt Komplexe» geht es aber auch um «Fleiss statt Routine». Ein Freund bat um Aufklärung, da er behauptete, die beiden seien in der Branche meist gleichbedeutend. Es stimmt: Fleiss ist das falsche Wort. Es ist eher Gewerbefleiss gemeint, also Erfindungsgeist: Nicht die Checkliste abhaken, sondern Umweltfremdes, sprich: neue Aspekte des Alten suchen. Aber wem sage ich das?

**Angespornter Aussendienst**

Dabei darf man allerdings nicht zu einem «E.T.» von einem anderen Stern werden: Ausgeflippte Kreative sind zwar mitunter unterhaltsam, aber nicht für eine abendfüllende Vorstellung. Jemand fragte während der Grossen Rezession: «Und sagen Sie, Herr Artdirector, was haben Sie im wirklichen Leben gemacht?»)

Im wirklichen Leben haben wir Förderer unter den Werbern, wie gesagt, als erstes den Aussendienst anzuspornen, und zwar nicht mit den üblichen Traineraufrufen, sondern mit einem neuen Selbstverständnis. Das können wir nur, wenn wir selber eines haben und für voll genommen werden. Wir müssen also die Sprache des Verkäufers reden und nicht unser Reklameheinitum mittels Reichweiten und Demoskopike spazierenführen. (Sagte die grosse britische Ökonomin Robinson: «Der Nutzen eines nationalökonomischen Studiums liegt nicht darin, fertige Lösungen zu erlernen, sondern darin, sich nicht von Nationalökonomen hinters Licht führen zu lassen.»)

Wir müssen als Fachleute auftreten. Nur um Himmels willen nicht als Werbeheinis. Oder anders gesagt, nicht die Techniken müssen sich ändern, sondern die Techniker.

Bisher habe ich nur von den Grossverteilern gesprochen, als meinte ich wirklich mit einem mir bekannten Lästermaul, Kleinvieh mache nur Mist. Ganz, ganz im Gegenteil.

Nicht, dass der freie Detailhandel im Marketingaufwand den Grossen ebenbürtig wäre. Aber gerade das bietet Werbern und Förderern und Schmutzhändlern die ersehnte Gelegenheit, das Wissen und Können loszuwerden, das die Grossverteiler jetzt intern entwickeln. Es ist ja inzwischen Allgemeingut, dass immer mehr grosse Konzerne von ihren Werbeagenturen nur noch die (klassische) Werbung haben wollen, wogegen sie eigentlich ganz gerne auch handelsspezifische Verkaufsförderung hätten und wogegen die Kleinen auch weiterhin auf Marketinghilfe angewiesen bleiben.

### Kleinheit als Chance für beide

Für die Werber, Kleine im Vertriebsprozess, bietet der freie Detailhandel ausserdem die allerbeste Schulungsmöglichkeit für den ein wenig papieren gewordenen Nachwuchs! Tante Emma und Juniorberater Luginbühl sind einander ohne weiteres zuzumuten, gegenseitig echt nützlich, und hoffentlich vergisst Herr Etatdirektor Luginbühl ein halbes Menschenalter später nicht, was er einst bei der Tante an Erkenntnissen gewonnen hat. (Das nur nebenbei.) Die Bedeutung der Kleinen für Produzenten und Werber ist vornehmlich eine andere: Sie bilden ein wichtiges Medium, das sich nicht mit Grossverteilern deckt. Jeder weiss, dass früher klein und gross wahllos mit Displays und dergleichen eingedeckt wurde, einerlei, ob vielleicht eine Verwendungsmöglichkeit bestand. Heute meinen die Produzenten, bei den sonstigen hohen Vertriebskosten könnten sie sich zum Beispiel keine Zweitplazierung für den freien Detailhandel mehr leisten.

Der unabhängige Detailhandel meint ebenfalls, sich keine Zweitplazierung erlauben zu können, eben weil er keine Filialistenumsätze vorzuweisen hat. Am Ende meint er überhaupt, wie Kleinvieh behandelt zu werden.

Da wär's an den Werbern, Abhilfe zu schaffen. Denn die kleineren Läden des freien Detailhandels sind nicht nur fünfmal so zahlreich wie die der Filialisten, sie stehen oft günstiger, haben mehr Persönlichkeit, mehr bodenständige Geschichte und sind nicht durch ein ausuferndes Sortiment überflutet. Ja manche haben sogar noch Parkplätze und Schaufenster! Und wenn dann jemand kommt und Sinnvolles für Fenster und Laden anbietet, ist dieser Einzelhändler manchmal direkt dankbar. Alles, was als Dienstleistung und nicht als Promotionsrummel empfunden wird und nicht nur den Werbern gefällt, sondern auch dem Detaillisten nützt, findet besonders im kleinsten Laden freudige Aufnahme.

- *Der beste Werbeträger ist die Ware selbst*
- *Die Grossverteiler lehren die Markenartikler das Fürchten*
- *Güter sind der sichtbare Teil der Kultur*
- *Gute Waren animieren und beseelen das Publikum ganz von alleine*
- *Die Verkaufsförderung ist kein Schützenfest, sie ist eine Angelpartie*
- *Kleine Läden haben mehr Persönlichkeit*

*Die Frage, ob die Hülle um ein Produkt, im Fachjargon schlicht als Tara bezeichnet, nun Packung oder Verpackung ist, kann je nach Standpunkt unterschiedlich beantwortet werden. Sie ist auf jeden Fall Promotor und Umsatzlokomotive und am Verkaufspunkt Werbemittel Nummer eins.*

## Umsatzlokomotive Packung

So oder so besteht eine wesentliche Zweckbestimmung darin, das Produkt oder den Inhalt zu schützen, transportier-, stapelbar und nicht zuletzt lagerfähig zu machen. Diesem eher technisch orientierten Aspekt in der Herstellung einer Packung steht eine ebenso wichtige Funktion gegenüber: die Verkaufsförderung. Die Notwendigkeit der Verpackung also, als Umsatzmaschine zu wirken, als Werbemittel Nummer eins am Verkaufspunkt zu funktionieren.

Wenn wir davon ausgehen, dass drei Viertel der Käufe Impulskäufe sind, dass der Konsument in einer Einkaufsumgebung von rund 20 000 Produkten weniger als eine halbe Sekunde aufwendet, um ein Produkt zu betrachten, wenn wir uns zudem daran erinnern, dass die Käufer im Supermarkt nur gerade 11 Minuten für den Einkauf aufwenden und der Handel mit 6 Franken pro Minute Verweilzeit rechnen kann, dann wird die Bedeutung der Verpackung bzw. deren visuelle Wirkung und Aussagekraft am Point of Sales so deutlich wie die Wichtigkeit der Plazierung.

(Merke: Verkaufsförderung für den Handel selber ist die Erhöhung der Besuchsfrequenz und die Verweilzeit im Laden – beide bringen höhere Einnahmen.)

Hinzu kommen zusätzliche Vorschriften oder notwendige Informationen wie:
- Marke
- Hersteller
- Zusammensetzung
- Qualität

- Gewicht
- Verkaufspreis
- Aktionspreis
- Produktvorteile
- Produkteigenschaften
- Gebrauchsanweisung
- Verwendungsmöglichkeiten
- Haltbarkeit
- usw.

Die Packung ist aber auch Display am Verkaufspunkt. Ein Werbemittel mit Stopper-Funktion und dem ureigenen Ziel, den Abverkauf zu intensivieren. Die Packung ist das konsumentennaheste Mittel, das unmittelbar «verführen» und zum Zugreifen anregen soll. Damit wird deutlich:

- die Verpackung hat erstens Schutzfunktion
- die Verpackung hat zweitens Promotionsaufgaben
- die Verpackung hat drittens Display-Wirkung

Klar wird auch, dass das Layout einer Packung eine enorm ernstzunehmende Sache ist und dass bereits für die Erarbeitung der konzeptionellen Zielsetzungen der Einsatz oder Beizug des professionellen Verkaufsförderers angezeigt ist.

Frage: Existieren verbindliche Kriterien zur Gestaltung einer Packung? Durch die Art und Aussagekraft der Packung kann die Produktdifferenzierung hergestellt oder wiederhergestellt werden. Eine plötzliche, offenkundige Umgestaltung weckt die Neugierde. Eine noch nie gesehene Packung weckt das Interesse. So gesehen, gäbe es eigentlich keine Richtlinien, sondern nur das Motto: «Je besser die Packung anspricht, um so besser lässt sich das Produkt verkaufen.»

Bei der Konzeption gibt es natürlich trotzdem eine ganze Menge Grundsätzliches, das es zu beachten gilt und das, gut interpretiert, die Verpackung schmackhaft macht. So zum Beipiel die Grösse der Packung. Im Tohuwabohu der Aktionspackungen, Multipacks, Familiengebinde und «Drei-für-zwei-Angebote» will natürlich jeder Hersteller dabei sein und seine Packung so gross wie nur möglich anbieten. Demgegenüber stehen die Forderungen nach normierter Stapelbarkeit am Verkaufspunkt – um den Tagesbedarf sicherzustellen und Verfügbarkeitslücken, die gefürchteten «Out-of-Stocks», zu verhindern –, nach bequemer Transportmöglichkeit sowie Aspekte der möglichen Aufbewahrungsgewohnheiten seitens der Verbraucher.

**Packungsmaterial**

Packungsmaterialien sind Spezialistensache. Ganz abgesehen davon, dass man mit Vorteil nur umweltverträgliche Packungsmaterialien einsetzen sollte, greift der gewiefte Verpacker natürlich zeit seines Lebens immer wieder nach neuen Materialien. Materialien, die einerseits im Einkauf billiger sind, andererseits aber auch den Verpackungsprozess rationalisieren und unter dem Strich die leidigen Tarakosten reduzieren können. Materialien aber auch, mit denen er sich von den Mitbewerbern abheben und freistellen kann, Marktvorteile und durch neue Formgebungs- und Gestaltungsmöglichkeiten manchmal auch die Herzen der Konsumenten gewinnt.

Zwischen den technischen Materialeigenschaften, ihren möglichen Einflüssen auf den Packungsinhalt und den verkaufsfördernden Gestaltungsmöglichkeiten gilt es, den besten Kompromiss zu suchen.

**Visuelle Aspekte**

Teigwaren kann man schlecht in eine himmelblaue «Wasch-dich-sauber-Hülle» stecken. Zucker passt in den wenigsten Fällen in eine rabenschwarze Box. Und frische Erdbeeren lassen sich nun einmal schlecht in einer Blechdose präsentieren.

Das Aussehen einer Packung wird weitestgehend durch Art, Form, Farbe und Eigenschaften des Produktes bestimmt, wobei traditionelle Vorstellungen auch in moderner Neuzeit eine wichtige Rolle spielen. Den bewährten werbe- und verkaufspsychologischen Faktoren – dem Promotions-Profi bestens bekannt – darf man auch in Zukunft noch vertrauen.

Und wenn einer von revolutionären Erkenntnissen spricht, so müssen sich diese am Verkaufspunkt erst noch bewähren. Vorsicht aber auch vor den ganz gescheiten «Handgelenk mal Pi»-Lehrsätzen der Farbenpsychologie, die da heissen: grün beruhigt, rot regt an, gelb ist heiter und so weiter. Dies mag «wahr» sein, in bezug auf die Verpackung jedoch muss man relativieren. So ändert sich das Konsumentenverhalten je nach Zeitgeist. Und auch Gegend, Verbrauchersegment, Umfeld usw. sind zu berücksichtigen, insbesondere bei international vermarkteten Packungen.

Geht man aber davon aus, dass blau und rot vor zehn Jahren genauso wie heute die beliebtesten Packungsfarben waren, so ist die Prognose nicht verwegen, dass dies auch in einigen Jahren noch so sein könnte.

**Grafische Gestaltung**

Sofern sich ein Hersteller einen Stall professioneller Marketing- und Produkt-Manager hält, kann durchaus davon ausgegangen werden, dass ein ebenso professionelles Corporate Design besteht, woran sich dann auch die grafische Gestaltung der Packung zu orientieren hat. Im anderen Fall wird die grafische Gestaltung das Resultat oder Produkt intensiven konzeptionellen Nachdenkens seitens der Verkaufsförderungsspezialisten und des anschliessenden grafischen Umsetzens durch den Grafiker (neudeutsch: Visualizer) sein.

Im Zeitalter von Normierung, Schematisierung und Gleichstellung sind immer mehr Packungsformate normiert. Zum palettierten Transport in Normeinheiten, zur möglichst optimalen Ausnutzung der Zwischenlagerflächen, zur millimetergenauen Ausnutzung der Verkaufsfläche und ganz grundsätzlich, weil Normierung verbilligt und verbilligen soll. Entscheidend also bei der normierten Packung: durch geschickte Verteilung von Bild, Text und Farbe eine optisch günstige Grössenvorstellung zu erzielen.

**Technische Eigenschaften**

Wenn die Kombination Packung und Inhalt derart top ist, dass sie den Konsumenten förmlich in die Einkaufstasche fällt, dann werden die mit jeder Packung verbundenen Dienstleistungen von sekundärer Bedeutung. Im anderen Fall, und das ist wohl mehrheitlich so, gilt es, folgende Kriterien zu berücksichtigen:

- Einfaches Handling
- Tragekomfort
- Bequemes Entnehmen des Inhalts
- Leichtes und sicheres Verschliessen angebrochener Packungen
- Schutz des Inhalts vor Licht, Temperatur, Bruch, Undichtigkeit
- usw.

**Packungsänderung hat Signalwirkung**

Qualitätsunterschiede zwischen echten Markenprodukten sind für den Verbraucher oft kaum mehr wahrnehmbar, und echt ins Gewicht fallende Qualitätsverbesserungen seitens der Hersteller sind auch selten geworden. Eine neu gestaltete Packung kann hier die Produktdifferenzierung wieder herstellen.

Der Verbraucher erwartet in seinem televisionstrainierten Entertainmenthunger Veränderungen, Vielfalt, Neues, Auffälliges. Aufgepasst aber bei der Neukonzeption einer Packung in Richtung der kritischen Zone, wo der Widerstand gegen das Ungewohnte beginnt.

Die Ablösung der alten Packung ist natürlich nicht nur ein Marketingproblem oder eine grafische Aufgabe, sondern vor allem auch eine organisatorische Aufgabe. Zum Beispiel:
- Überprüfen der Bevorratung beim Absatzmittler
- Erstellen des Werbekonzepts und Bereitstellen der Werbemittel
- Information der Absatzmittler und Käufer
- Distributionskonzept

Packungsänderungen sind angezeigt,
- wenn es notwendig wird, dem Konsumenten neue Kaufargumente und Kaufanreize zu bieten
- wenn sich zeigt, dass sich das Konkurrenzprodukt besser verkauft
- wenn sich Absatzwege verändern
- wenn die Packung auf ein neues Erscheinungsbild der Unternehmung abgestimmt werden muss

Packungen sind, bis sie sich am Verkaufspunkt bewährt haben, vorerst einmal eine echte Aufgabe und eine lange Kette von Entscheidungen:

Die Unternehmensleitung gibt den Impuls, das Produktmanagement macht Vorschläge, in der Folge Produktion, Technik, Marketing, Werbung, Verkaufsförderung; Produkteexperten, Marktforscher, Juristen erarbeiten Konzepte und bereiten vor; die Unternehmensleitung entscheidet.

Und dann geht's los, der grosse Informationsmix kommt in Bewegung, und letzlich ist es das Ergebnis aller positiven Faktoren, wenn Packung und Produkt erfolgreich sind. Wie auch immer, und auf jeden Fall, bleibt die Packung aber Promotor und Werbemittel Nummer eins am Verkaufspunkt.

- *Zwei Drittel aller Käufe sind Impulskäufe*
- *Auf der Bühne des Ladens ist die Packung der Star*
- *Die visuelle Wirkung ist so wichtig wie die Plazierung im Verkaufsregal*
- *Es existieren verbindliche Kriterien für die Gestaltung der Packung als Selbstläufer*
- *Oft ist schon die Änderung einer Packung signalstarke Verkaufsförderung*
- *Die Abverkaufsqualität ist die Summe vieler markt- und produktiontechnischer Faktoren*

*Einen wichtigen Stellenwert in der Verkaufsförderung haben Verkaufsförderungsextra Werbeartikel, Werbegeschenk, Giveaway. Weil sie den Zugang zu bestehenden und potentiellen Kunden auf einer besonders persönlichen Schiene ermöglichen.*

## Sinn und Unsinn des Give-away

Wenn Verkaufsförderung als Schaffen zusätzlicher Anreize definiert ist, also als Extra zusätzlich zu einem Grundnutzen (eines Produkts oder einer Dienstleistung), sind die Give-aways grundsätzlich solche Extras und eben auch zusätzliche Anreize. Siedelt man die Extras im persönlichen und individuellen Bereich des Empfängers an, bekommen sie einen privaten Charakter, sie wirken emotional, bewegen sich ausserhalb kommerzieller Absichten und sind dann ausserordentlich erfolgreich.

Werbegeschenke haben eine grosse Bedeutung im weitesten Sinn, weil sie letztlich vor allem persönliche Vorteile im zwischenmenschlichen Kommunikationsnetz bringen (nicht die – anonyme – Firma bekommt ein Geschenk, sondern ihr Mitarbeiter). Es gibt ja in Wirklichkeit nur zwei Arten von solchen Extras: Bares, also ein Cash-Vorteil, der in irgendeinem Gewand, häufiger aber ganz prosaisch daherkommt. Und Naturalien: diese sind mit mehr Fantasie aufgeladen (erinnern Sie sich an das Wursträdchen des Quartiermetzgers in Ihrer Kindheit?) und haben einen höheren Vorstellungswert. Wen wundert's, dass Extras mit Naturaliencharakter mehr Wohlwollen entgegengebracht wird als irgendwelchen Barzahlungen, die zudem weiterum ins Gerede gekommen sind.

Entsprechend hat sich die weltweite Branche der Werbeartikelhersteller zur eigentlichen Servicestelle für das Marketing gemausert. Mittlerweile tritt sie in Verbänden und an regelmässigen Fachmessen auch geschlossen auf, eine Entwicklung ganz ähnlich der Direktwerbung, als deren Bruder sie sich auch versteht.

### Neben den klassischen Anbietern gibt es viele Desperados

Es operieren in diesem relativ neuen Werbeartikelmarkt immer wieder neue Anbieter, was auch damit zusammenhängt, dass der Warenimport etwa aus Asien heute keine Hexerei mehr ist. Wesentlich schwieriger ist dagegen der Weiterverkauf, und besonders viele der Neu- und Quereinsteiger, Desperados und Hobbyisten halten es irrigerweise für am einfachsten, die Ware in der umsatzmilliardenschweren Werbebranche abzusetzen, wo sie sich zum Ärger der Kreativen dann gegenseitig auf den Füssen herumstehen.

Die Werbung operiert aber prinzipiell mit der Individualisierung von Zielgruppen, und eines der Geheimnisse erfolgreicher Werbung ist zum Beispiel, dass sie eine amorphe Zielgruppe bis zum einzelnen Ansprechpartner hin segmentiert und einengt. Allein schon das schliesst standardisierte Werbegeschenke und ihren Massenabsatz aus, denn sie entsprechen nicht der Forderung nach Individualisierung.

Werbegeschenke als Zusatzanreiz beim Aktivieren von Handlungen haben jedoch auch als Wegwerf- und Billigartikel Chancen, wenn sie zusätzlich individualisiert werden: All die Feuerzeuge, Mützen, Tassen, Schlüsselanhänger, Kugelschreiber mag man eigentlich nicht mehr sehen. Aber man liebt sie plötzlich wie Kuscheltiere, wenn sie den eigenen Namen tragen und nicht nur den der verkaufsfördernden Firma. Dann sind die Werbeartikel in der Vorstellung ihrer Besitzer plötzlich das Zwanzigfache des Ankaufspreises wert. Qualifiziert und chancenreich sind Werbeartikel ergo dann, wenn sie in ihrer Wirkung direkt, persönlich werden. Preislich sind dann weder nach unten noch nach oben Grenzen gesetzt.

### Das Thema führt zu Gratwanderungen

Wieviel sollte nun im Verhältnis zum beworbenen, verkaufszufördernden Objekt für das Werbegeschenk ausgegeben werden? Schwierig zu sagen, «es kommt drauf an». Aber es scheint, dass es in immer mehr Anstellungsverträgen Klauseln gibt, die das Annehmen persönlicher Geschenke und Vorteile von Zulieferern verbieten – vielleicht Indiz für eine kommende Problematik.

Klar, dass der Einkäufer eines Unternehmens der von seinen Lieferanten meistumworbene Mann ist. Der Anbieter hat das verständliche Bedürfnis, ihn gehörig einzuseifen, ihn mit persönlichen Extras zu verwöhnen, einzustimmen auf Verkaufsgespräch und Abschluss, ihn zu gewinnen und als Kunden zu halten. Aber wenn das dann alle tun, wird man sich wieder etwas einfallen lassen müssen.

Ohnehin gibt es in der Verkaufsförderung Wellenbewegungen und Trends. Man muss aufpassen, dass man nicht bei den ersten dabei ist, die sich auf so einen Trend einlassen (das kann teuer werden), aber wenn man einmal im fahrenden Zug sitzt – der hoffentlich noch nicht übersetzt ist – kann man auch nicht nach Belieben abspringen (da kann man sich das Genick brechen). Das mag auch für die Werbeartikelwelle zutreffen. Die könnte schon bald eine Sättigung erreicht haben, die die Vorbereitung des Absprungs nahelegt. Denn der erhofften Klimaverbesserung für das Verkaufsgespräch sind bei Übersättigung Grenzen gesetzt. Angebotsflut (und Qualität!) von Anbietern und Artikeln kann Widerwillen auslösen und dann kontraproduktiv werden. Dann erzielt das Instrument Werbeartikel das Gegenteil der beabsichtigten Wirkung, es richtet sich gegen sich selbst.

Im unterpreisigen Artikelsegment – sagen wir bis zu 30 Franken oder Mark pro Stück – wird die Schlacht auch weiterhin toben, die Anbieter werden selber testen müssen, welcher Artikel überlebt. Der Bedarf ist in diesem Segment noch gross, weil solche Artikel zu den Selbstverständlichkeiten des Alltags gehören. Je höher der Preis, desto empfängerzentrierter, personalisierter, direkter und oft auch emotionaler muss der Werbeartikel sein (klug der Pharma-Ärztebesucher, der zur Praxiseröffnung statt der – kniggekonformen – Schnittblumen einen Bonsai anschleppte: die Nachfasschancen via Pflegeanleitung, Spezialdünger, Unterschale und der Gesprächsstoff nahmen kein Ende).

Gute Resultate werden nur ausnahmsweise mit standardisierten Werbegeschenken erreicht. Andererseits drängen sich bei steigendem Sachwert Aspekte der Bestechlichkeit stärker in den Vordergrund, der Umgang mit dieser Art von Verkaufsanimation wird leicht zur Gratwanderung.

**Der Werbeartikel hat die Funktion des Animators**

Welchen Stellenwert nehmen Werbeartikel nun im Rahmen des Massnahmen-Mix im Gesamtkonzept ein? Zum frühen Zeitpunkt der konzeptionellen Planung existiert der Werbeartikel in den Köpfen der Macher noch gar nicht, als Medium wird er nicht strategisch eingesetzt. Hingegen ist er dann als Aktivator und Auslöser besonders gern gesehen, wenn es Kastanien aus dem Feuer zu holen gilt.

Klassische Markenwerbung ist ja in ihrem Kern eine Einbahnstrasse, eine kommerzielle Nachricht muss den Empfänger erreichen. Sobald es aber darum geht, einen sogenannten «response» zu bekommen, also einen Dialog in Gang zu bringen oder einen Empfänger (der Nachricht) zur Handlung zu bewegen, braucht es ein Stimulans, egal, welcher Art dieses Extra auch immer sein mag. Das heisst, es wird dann oft ein Werbeartikel sein, der zur Belohnung für erbrachte oder zum Anreiz für noch zu erbringende Leistung wird.

In der Basiswerbung hat ein solcher Extra-Anreiz weniger Bedeutung, dafür immer dort, wo es Händler, Konsumenten oder den Aussendienst zu aktivieren gilt, in der Aktionswerbung. Die Verkaufsförderung hat hier ein breites Instrumentarium zu nutzen, sei es in Form von Gewinnen bei Verlosungen und Wettbewerben («Auf den Gewinner wartet ein Mittagessen mit einem Bundesrat»), als Selfliquidator («Von Coruba-Rum bekommen Sie zu nur zehn Franken den passenden Rumtopf») oder Zugabe («Zu jedem Glas Pulverkaffee gibt es jetzt eines von sechs Gratis-Sammel-Löffeli»), als Giveaway oder Prämie («Je mehr Lieferverträge unsere Pepsi-Vertreter abschliessen, desto höher fliegen sie»).

**Das Budget orientiert sich an der Zielsetzung**

Auch dafür, wieviel Prozente die Werbeartikel in einem Vermarktungsbudget ausmachen sollen, gibt es kein Rezept. Denn beim «Action machen» kann man nie in die Schublade der Erfahrung greifen und die Lösung herausholen. Rezepturen sind nicht gefragt, es müssen Originale her – so wenig wie eine gemietete weisse Zeitungsseite an sich weder gut noch böse ist, kommt's auch bei der Verkaufsförderung darauf an, was man daraus macht.

Ansonsten gilt auch hier, dass sich die bereitgestellten Budgetmittel an der Zielsetzung orientieren müssen. (Nicht «by Vorjahr». Nicht «by Konkurrenz». Nicht «by Ertrag», siehe Seite 207.)

Leider bleiben die Begriffe «Werbeartikel», «Werbegeschenke», «Giveaways» meist im qualitativen Milieu der Wegwerfkugelschreiber hängen, auch wenn Unternehmen für den Kontakt nach aussen nicht darum herumkommen. Da macht die Umbrella «Extra» deutlicher, dass sich dieses Instrument planmässig zur Marktbelebung einsetzen lässt.

Egal, ob es sich dabei um ein zugekauftes Schweizer Offiziersmesser (das Original, keine China-Klone!) mit der Namensgravur des Beschenkten handelt oder um eine Neuerfindung und Neuproduktion ausserhalb der Anbietersortimente (etwa den Weidenkorb mit rotkariertem Küchentuch, Gussbratpfanne, Schaufel und Rezeptbuch für «Schweizer Röschti», den Generaldirektor Übelhart im roten Sennenkäppli persönlich an seine dänischen Kunden überbringt).

Fazit: Extras dürfen preislich nach oben grenzenlos sein, wenn sie nur privat, möglichst gezielt, zum Einsatz kommen. So besteht der Konflikt einerseits im Bedürfnis der Anbieter, Ware massenweise («Massenware») zu verkaufen, und andererseits im Bedürfnis der Verkaufsförderer im Marketing, individuell und direkt auf Empfänger zu zielen.

**Werber halten nicht viel von Werbeartikeln**

Ständig mit einer Riesenpalette von Werbegeschenken konfrontiert, deren Qualität und Originalitätsgrad oft haarsträubend auf sie wirkt, äussern sich viele Werber herablassend zur Werbeartikelkonfektion. Die wird dann als «Unedel» und lästig ignoriert. Was schädlich für die Branche ist, denn die schlechten Beispiele besetzen die Köpfe negativ, obschon die Premiums vorzügliche Marktbeweger sind.

Fragt sich also, wieweit der werbende Verkaufsförderer Einfluss auf die Qualität der Werbeartikel nehmen kann. Selbstverständlich hat er grosses Interesse an der Einmaligkeit und schöpferischen Qualität dieser Artikel – dafür wird er schliesslich auch honoriert – und ist deshalb nur lau an den Sachen interessiert, die die Hersteller «drauflosproduzieren», um sie von Ignoranten auf den Markt werfen zu lassen. Da werden die Kreativen dann selbst produzieren lassen.

Andererseits hat das Werbegeschenk auch in einer Zeit seine Chancen, in der sich die meisten Konsumenten rund ums Jahr selber hochpreisige Artikel leisten können und sich an den alltäglichen Luxus zu gewöhnen (und sich zu langweilen) beginnen. Weil es bei den Verkaufsförderungs-Extras aber nicht nur um den objektiven, sondern viel stärker um den Vorstellungswert geht, um die Intensität der persönlichen Berührbarkeit, bleiben sie chancenreich.

- *Werbeartikel sind über die Emotion erfolgreich*
- *Personalisiert und individuell sind es starke Marktbeweger*
- *Bei Verkaufsförderungs«wellen» gilt es rechtzeitig auf- und abzuspringen*
- *Bei überflutenden Anbietern und Artikeln richtet sich der Werbeartikel gegen sich selbst*
- *Die Budgetierung richtet sich hier wie überall im Marketing nach den Zielen*
- *Die marktaktiven Unternehmen kommen um Give-aways nicht herum*
- *Verkaufsfördernde Werber verhalten sich aus guten Gründen eher skeptisch*

*Jede Messe ist Forum für die Kommunikation zwischen Anbieter und Nachfrager. Die spezifische Atmosphäre der Messe – auch hier: die Qualität der Marke! – rollt den Teppich aus, auf dem der Aussteller zum Erfolg schreitet, wenn er ihn sich nur mit sorgfältiger Planung, perfekter Instrumentierung und stimulierender Choreographie vorbereitet.*

## Messen sind Motoren

In unserer Alltagswelt herrscht das Konkrete. Wir vermeiden – oft unbewusst – das Abstrakte, wo immer uns dies möglich ist. Im Gespräch erhält das Konkrete durch Mimik und Gestik seine Bedeutung. Südländer, so sagt man, brauchen nicht einmal Worte, um Konkretes auszudrücken.

Die in Themen- und Wortwahl, Lautstärke und Gestik immer soziodemographisch geprägte Sprache ist tragendes Ausdrucksmittel zwischen Menschen. Dem Austausch von Informationen und Gedanken, von Erfahrungen und Visionen kommen Messen so sehr entgegen wie der Neigung zum beobachtenden Miteinander, dem Bedürfnis nach gesellschaftlichen Anlässen, geselligen Treffpunkten, kommerziell nutzbaren Podien. (Saab Schweiz war einmal sehr erfolgreich bei der Premiere der neuen Sonderklasse, die als «Petit Four» in einen eigens organisierten Wirtschaftskongress für Kaufkraftleader eingebettet war.)

Beim kommunikativen Austausch spielt jedermann seine eigene, individuelle Rolle. Die Partner fordern einander durch ihre spezifische Haltung zum Gespräch heraus, wobei die Umwelt, in der das Gespräch stattfindet, Argumente und Resultate beeinflussen kann. Entsprechend kann man durch geschicktes Gespräch Gedanken, Dienstleistungen, Waren und «sich selbst» verkaufen, das Messegespräch verringert die Distanz zwischen Anbieter und Nachfrager. Deshalb sollte sich der Anbieter stets bemühen, die gleiche Sprache wie der Nachfrager, sein potentieller Kunde, zu sprechen, den Kontakt zwischen Ungleichen auszubalancieren.

Ein kluger Mann hat Messen und Märkte als «Spiegel des Lebens» bezeichnet, doch sie sind viel mehr «Stammkneipen der Wirtschaft». Tatsächlich bedeuten Messen und Märkte für viele Menschen das Leben an sich – es kann nicht nur der Reiz des Trödels sein, der Flohmärkte weitherum so beliebt macht.

Auf solchen «Marktplätzen» kommen fundamentale Lebensäusserungen und Neigungen gut zur Geltung. Das Konkrete kommt uns in sinnlicher Form entgegen: sichtbar, greifbar, fühlbar, spürbar. Wir bewegen uns in diesem Umfeld und werden gerne Teil davon. Wir alle gehen – welcher Profi ist parallel nicht immer auch Privatperson – besonders gerne dorthin, wo viele Menschen sind, und lassen uns an Märkten, Anlässen, Messen und Ausstellungen besonders gerne umwerben und verführen. (An der letzten «Drupa» badeten Heerscharen von Fachleuten in permanenten Gänsehaut-Schauern, die ihnen die Firma Indigo N. V. bescherte, deren bombastische Broadway-Dramaturgie für die Weltpremiere ihrer [plattenlosen] Offsetrevolution sie so schnell nicht vergessen werden.)

**Ein Lernprozess**

Auf den Messebesucher wirken Aussteller und Ausgestelltes magisch wie Bestandteile einer Zauberwelt: optisch, akustisch und greifbar wird – vor allem an Konsumgütermessen – gezeigt, wie der Mensch sein Leben heute schon besser und glücklicher gestalten kann. Als Messegast (an)erkennt er das Neue und spürt, was bereits überholt, was Vergangenheit ist. So gesehen ist die Messe auch eine Lehranstalt, die Wege der Gegenwart in die Zukunft zeigt, eine Autorität, die Bedürfnisse stillt und Meinungen macht.

**Atmosphäre und Kommunikation**

Die Messeatmosphäre verbreitet Wohlbehagen, sie erleichtert das Gespräch und schafft rasch Kontakte, die oft von lange dauernder Wirkung sind. Der Besucher geht nicht nur zur Messe, um zu sehen, sondern auch, um gesehen zu werden. Man sieht sich um, man hört sich um, man orientiert und informiert sich, lädt die im Alltäglichen leergefegten Batterien auf, trifft Verabredungen und tätigt Käufe. Kein

Wunder, sind Messen und Ausstellungen weltweit zu einem der wichtigsten Kommunikationsmedien und Brückenbauer geworden.

Hier treffen sich Angebot und Nachfrage in zeitgemässer Weise, und solche Marktveranstaltungen verleihen allseits immer neue Impulse: Wirtschaft ist keine statische, sondern eine dynamische Grösse, Marketing keine exakte Wissenschaft, sondern ständig fliessend.

Die Messe bietet ein konzentriertes und klar gegliedertes Angebot, ermöglicht Verkauf und Einkauf auf wirtschaftliche Art. Die Distanzen zwischen dem Angebot vieler und der Nachfrage eines einzelnen sind klein, rationell und vor allem transparent.

Messen und Ausstellungen geniessen als Plattform und Kontaktstelle für den Verkauf einen optimalen Stellenwert. Hier werden Informationen in jeder Menge und ohne besondere Umstände geliefert. Neuigkeiten werden funktionell präsentiert, nirgends lassen sich Trends besser erkennen als an solchen Veranstaltungen, und oft sind sie gar Wegweiser in die Zukunft:

Ein Blick in die Vergangenheit zeigt uns – in Paris – bereits 1798 eine messeähnliche Ausstellung, die bereits fachlichen Ansprüchen genügte. Die Ausstrahlung dieser Informationsmesse für Handel und Gewerbe war noch regional, aber schon bald waren ganze Generationen geprägt von den Leitbildern internationaler Ausstellungen wie der Weltausstellung von 1851 in London. Sie fiel zusammen mit dem Anfang der modernen Verkehrsmittel und zeigte bereits die Interdependenz dieser beiden Erscheinungsformen wirtschaftlicher Aktivitäten.

**Messen als Instrument des Marketing**

Dem Entschluss der Beteiligung an einer Messe sollen immer wieder aufs neue Fragen bezüglich der Messequalität und solche in eigener Sache vorausgehen, da erhebliche personelle und finanzielle Mittel auf dem Spiel stehen:

Ob diese spezielle Messe auch massgeschneidert auf die spezifischen Unternehmens- und Marketingziele des Ausstellers eingeht (Aussteller folgen da häufiger Gewohnheiten als sorgfältiger Evaluation)? Ob die Beteiligung ein geeignetes Medium für die Vermarktung des Produktes, der Dienstleistung, darstellt? Ob die Beteiligung an dieser Messe ein konkretes Absatz- oder Informationsproblem löst? Ob wir über die Aktivitäten und Massnahmen der Konkurrenz im Bilde sind? Und auch, ob die budgetären Mittel ohne Einschränkungen der übrigen Marketingaktivitäten bereitgestellt werden können. Denn einmal ist keinmal bei der Messebeteiligung, die Festigung der Ziele beinhaltet auch den Zwang zur Wiederholung.

Je nach Unternehmensform, Branche und Produkt ist die Bedeutung der Messen und Ausstellungen als Instrument des Marketing von unterschiedlicher Bedeutung.

Verhältnismässig einfach ist die Entscheidung bei breitstreuenden Konsumgütern und publikumsnahen Dienstleistungen, da man mit der Verbrauchermesse (Publikumsmesse) eine meist gut geeignete Plattform hat. Allerdings werden sich viele «Volksmessen» besonders bezüglich der Zielsetzung neu definieren müssen, wenn sie sich gegenüber den auf Angebot und Nachfrage spezialisierten Fachmessen behaupten wollen.

Eine Konkurrenz zu den Verbrauchermessen entstand auch deshalb, weil Regalware – besonders anlässlich von Degustationen und Demonstrationen – zunehmend am Verkaufsort selber beworben wird. Der Faszination rollender Ausstellungen auf Schiene oder Strasse sind viele von uns auch schon erlegen, und dass die schweizerische PTT ihre Poststellen jetzt zu deregulierten Profit- und Dienstleistungs-Centers mit Messequalitäten aufpeppt, wird ihre Kunden mehr freuen als ihr Schalterpersonal.

Für Gebrauchsgüter und technische Güter hingegen sind Fachmessen und Fachausstellungen unerlässlich und bedeutend. Auch hier aber Konkurrenz, denn gross im Kommen sind mobile Firmendarstellungen, «Poster-Sessions» oder Produktausstellungen, die in eigens angemieteten Sälen oder Hallen und oft auch direkt «in der Höhle des Löwen» – etwa in Technischen Hochschulen – solo und in eigener Regie durchgeführt werden.

Für Investitionsgüter hat sich die Messe als Instrument des Marketing in so starkem Masse institutionalisiert, dass man bereits von einer «alleinseligmachenden» Massnahme sprechen kann. Neuheiten und Trends in diesem Bereich werden heute praktisch ausschliesslich an Fachmessen präsentiert und erwartet. Die Messe als bedeutendes Instrument verkaufsfördernden Marketings erlaubt hier kundenzentrierte

Information mit optimalem Impact, da alle Medien und Aktivitäten auf diesen Anlass hin abgestimmt zum Einsatz kommen können.

**Grundsätzliches zu Planung und Realisation**

Jede Messebeteiligung erfordert als Vorbereitung einen Organisationsplan und ein zielentsprechendes Budget, denn nichts ist unangenehmer als der Schock nach einer Messebeteiligung, weil die notwendigen Mittel in keiner Kostenstelle vorgesehen wurden. Diese Budgetplanung ist besonders wichtig für Ausstellungen, die in regelmässigem Turnus wiederkehren. Vor der Planung und auf dem Weg zur Realisation müssen aber weitere Fragen beantwortet werden:

- Warum wollen wir uns an einer bestimmten Messe beteiligen?
- Wen wollen wir ansprechen?
- Könnte man dieses Ziel eventuell auch mit anderen Mitteln erreichen?
- Passt diese Messe in die Unternehmens- und Markenpolitik, in die Marketing- und Promotions-Pläne des Unternehmens?
- Können ausreichende Mittel für diese Messebeteiligung bereitgestellt werden?
- Was unternimmt die Konkurrenz?
- Haben wir Erfahrung in der Messebeteiligung?
- Besitzen wir bereits Material für das Aufstellen und die Gestaltung eines Standes?
- Wollen oder brauchen wir einen eigenen Stand für unsere Firma, oder wäre die Beteiligung an einer Gemeinschaftsausstellung (der Branche oder der Region) sinnvoller?
- Wenn ja, mit wem sollen wir gemeinsam ausstellen?
- Sollen wir den Messestand kaufen oder mieten?
- Auch hier: und so weiter!

**Überlegungen zum Media-Mix**

Es muss davor gewarnt werden, eine Messebeteiligung nur aus «Tradition» zu beschliessen, etwa um dereinst als langjähriger Aussteller geehrt zu werden.

Jede Messebeteiligung muss Bestandteil der kalkulierten Absatzplanung sein, und dies im Rahmen der kurz- und mittelfristigen Planung des Unternehmens.

Messen verlangen die Investition von Kapital auf Zeit. Die Messebeteiligung ist verhältnismässig teuer, und die Deckung der Ausstellungskosten kann durch die an der Messe erzielten Umsätze nicht in jedem Fall erwartet werden.

Deshalb ist es ausserordenclich wichtig, sorgfältig zu planen, um ein optimales Messergebnis zu erzielen. In die Planung sind sowohl die materiellen als auch die personellen Faktoren einzubeziehen, und es darf nicht vergessen werden, dass die Messearbeit mit dem Schluss der Messe nicht beendigt ist, sondern dann oft überhaupt erst beginnt: Am Messestand angebahnte Kontakte ohne Nachfass sind zum Fenster hinausgeworfenes Geld. Für den Messeeinsatz sind Ort und Termin weniger wichtiger als die Abstimmung dieser Massnahmen auf das generelle Marketing-Konzept.

**Messeziele**

Auf dem Weg zum Messeziel müssen wir uns immer wieder fragen, ob die Beteiligung in erster Linie möglichst viele Abschlüsse bringen soll oder ob wir eher Gelegenheit bekommen wollen, Offerten an neue Interessenten auszuarbeiten. Oder ist es unser Messeziel, ein oder mehrere Produkte einzuführen, bekanntzumachen, also zu informieren? Oder wollen wir an der Messe Interessenten für die Übernahme von Lizenzen aufgrund unserer Patente kennenlernen, oder wollen wir an dieser Messe Vertreter – vor allem im Ausland – finden? Oder wollen wir die Messe ganz einfach zur Kontaktpflege auf nationaler und internationaler Basis nutzen? Der Katalog der Messeziele – allein oder im Verbund – ist damit längst nicht erschöpft, der Zielsetzung geht – wen wundert's? – Nachdenken voraus.

**Vorbereitende Massnahmen**

Es ist ausserordentlich empfehlenswert, den Ausstellungsstand für Umfragen zur Markterforschung zu nutzen. Ausserdem bietet jede Messe hervorragende Gelegenheit, das Angebot der Mitbewerber besser kennenzulernen. Unsere Produkte können von einem grossen Publikum – vor allem auch von Nichtfachleuten – im Hinblick auf Formgebung, Farbe, Material usw. getestet werden, eine Massnahme, die von den Ausstellern noch viel zuwenig genutzt wird. Schliesslich können und sollen wir an der Messe die bestehenden Absatzwege ausbauen und neue Absatzwege suchen.

**Messeplanung kann nicht früh genug beginnen**

Gut gelegene Standplätze an guten Messen sind ebenso rar wie gute Plakatstellen. Messestände an Vorzugslagen sind oft seit Jahrzehnten und für Jahre im voraus vergeben, es heisst dann obligat, «wer zuerst kommt, mahlt zuerst». Man kann sich aber durch den Start an einem weniger günstigen Platz ein «Vormietrecht» für einen eventuell frei werdenden besseren Platz sichern, auf jeden Fall besteht die Möglichkeit, nach- und aufzurücken, man muss mit den Messeleuten einfach reden wie mit jedem Zulieferer. Unternehmen mit Messeerfahrung planen ihre Messen generalstabsmässig, sie wissen, warum.

**Typologie der Messen**

Nach der Art der ausgestellten Güter und Dienstleistungen und den avisierten Besuchergruppen hat es der Aussteller zu tun mit breit streuenden Universalmessen, kundenzentrierten Verbrauchermessen, gezielten Fachmessen. Allerdings gleicht keine Messe der anderen; ihre Auftrittsformen sind so verschieden wie ihre Namen und ihre «Macher» (Messegesellschaften).

Im Hinblick auf die geografische Ausstrahlung unterscheiden wir Messen mit lokaler, regionaler, nationaler, kontinentaler und internationaler Bedeutung. Schliesslich unterscheiden wir noch Messen mit festem Standort und mobile Messen. Messen mit festem Standort können stattfinden in speziellen Messebauten, Mehrzweckhallen, auf öffentlichen Plätzen usw. Für Ausstellungen eignen sich Pavillons, Museen, Schaufenster usw. Mobile Messen bedienen sich der Transportmittel Eisenbahn, Schiff, Bus und nutzen öfters Zelte. Im allgemeinen werden mobile Messen von Firmen, Firmengruppen, Verbänden, Organisationen bevorzugt, die vor allem an Information interessiert sind, doch bestätigen auch hier Ausnahmen die Regel: «IKEA on tour: Deutschlands grösstes Einrichtungshaus kommt zu Ihnen!»

**Apropos Standgestaltung**

Hauptkriterium und Ziel unserer Messebeteiligung ist die Wirksamkeit. Der Messestand wird wirksam nicht nur durch seine Dekoration, die Möblierung und die Präsentation der ausgestellten Güter, sondern durch Erfüllung aller Erfordernisse, die sich aus der jeweiligen Aufgabe ergeben. Und dies sowohl aufgrund der rationalen wie der psychologischen Vorbedingungen.

Während die Kommunikationsform Mailing oder Zeitschrift zum Beispiel vom Angesprochenenen keine Aktivität im Raum verlangt, ist das Erfassen des Gebotenen bei Messen und Ausstellungen nur durch die physische Bewegung des Messebesuchers möglich.

Das gibt wertvolle Hinweise auf die Gestaltungsmöglichkeiten, egal, ob wir nun kulturell, kommerziell, repräsentativ oder didaktisch präsent sein wollen, oder ob die Informationen bloss visuell oder auch akustisch zu vermitteln sind. Der visuellen Realisation geht stets die Frage nach Konstruktion und Ausstattung des Standes voraus. Dabei sind Funktion und Präsentation genügend zu berücksichtigen. Ausserordentlich wichtig sind die Darstellungsmittel wie Symbole, Modelle, Fotos, Grafiken, Schriften – und zur Erzielung optimaler Kontraste: die Beleuchtung. An Messen und Ausstellungen ist und soll fast alles erlaubt sein. Geben wir also emotionelle Hilfestellung durch Material, Form, Farbe, Akustik, Licht usw., um unsere Aussagen wirksam zu unterstützen.

**Gründe für den Standbesuch schaffen**

Es ist unerlässlich, am Stand Übersicht zu vermitteln. Er muss von fern und nah attraktiv und einladend wirken. Unser Stand ist de facto eine «Ausstellung in der Ausstellung». Vorführungen und animatorische Anreize aus dem Unterhaltungsbereich – wir waren einmal für «Maloya»-Autoreifen sehr erfolgreich mit dem Einsatz von «Miss Switzerland» am Autosalon – sind ausserordentlich beliebt. Dasselbe gilt für Degustationen, Verlosungen usw.

Wer sich an einer Messe beteiligt, muss am Stand Atmosphäre schaffen und das «Standpersonal» mit grösster Sorgfalt auswählen. Es empfiehlt sich, geschulte Standhostessen oder -stewards zu engagieren. Auch die eigenen Mitarbeiter, welche an Messen delegiert werden, sind für den Messeerfolg von ausserordentlicher Bedeutung. Aber sie müssen nicht nur sachlich, sondern auch mental intensiv und umfassend auf ihre Aufgabe vorbereitet werden und nicht nur Garantie dafür bieten, dass der Stand permanent besetzt ist – die Kolleginnen vom Innendienst, und wenn sie noch so gut aussehen, sind oft Fehlbesetzungen. Kontrollen sind unerlässlich, die Herren Verkaufschefs können bei ihren Spesenlunchs in ersten Häusern von den Maîtres de table allerlei Anregung dafür holen.

Aber Freundlichkeit und Sachkenntnis im Umgang mit Messegästen allein genügen nicht. Alle Massnahmen, die die alte Kaufmannsfloskel beleben, der Mensch stehe im Mittelpunkt, sind gern gesehen, bringen Goodwill (gut für die Kontakte) und Nachhall (gut für den Abschluss). So etwa ermüden Messerundgänge ganz ungemein, weshalb sich Extras wie bequeme Sitze sehr empfehlen.

**Zu den Kosten**

Es empfiehlt sich, die gesamten erforderlichen Aufwendungen von der Sache her zu gliedern. Dies erleichtert die Übersicht vor, während und nach der Messe, erlaubt spätere Vergleiche und dient als Grundlage für die Erfolgskontrolle. Bei Messen unterscheiden wir drei Gruppen von Kosten:

- *Die eigentlichen Standkosten:*
  Standmiete, Standbaukosten, Standbetriebskosten.

- *Die Beschickungskosten:*
  Für die Ausstellungsgüter, das Informationsmaterial, die Transport- und Versicherungskosten, die Personalkosten und die damit verbundenen Auslagen für Reisen, Unterkunft und Verpflegung.

- *Die Nebenkosten:*
  Die firmeneigene Messewerbung (insbesondere die Segmente Einladung und Nachfass), Repräsentationskosten sowie sonstiger Aufwand (für die der Einbau einer Sicherheitsreserve angezeigt ist).

Die für die Beteiligung an der Messe notwendigen Arbeiten sollen erst dann in Angriff genommen werden, wenn der ganze Fragenkomplex im Hinblick auf Konzept, Finanzen und Organisation in jeder Beziehung sorgfältig abgeklärt worden ist:

- Welches ist unser Zielpublikum?
- Wie erfassen wir unser Zielpublikum?
- Wie erreichen wir «echte» Interessenten (Adressen)?
- Welche Gründe haben unsere wichtigen Kunden, um unseren Stand zu besuchen?
- Entsprechen die Einladungen zum Besuch unseres Standes an der Messe den heute gültigen Anforderungen?
- Wer betreut unsere VIPs am Stand und ausserhalb?
- Müssen ruhige Treffpunkte ausserhalb der Messe für Abschlussgespräche geschaffen oder bereitgehalten werden?
- Welche Verkaufshilfsmittel, die den Messeerfolg verstärken, können eingesetzt werden?
- Werden «Geschenke» (Give-aways) abgegeben oder Extras angeboten?
- Stehen für die Begleitpersonen unserer Kunden Aufmerksamkeiten bereit?
- Sind alle Vorbereitungen getroffen, um jeden Standbesucher namentlich zu erfassen?
- Ist alles bereit, um unverzüglich nach Messeschluss mit dem Nachfass zu beginnen?

Die Wirksamkeit von Messen und Ausstellungen als absatzstimulierendes Instrument des Marketings ist unbestritten. Hier, wie selten, treffen konkrete und abstrakte Appelle auf Anbieter und Kunden gleichermassen, wirken rationale und emotionale Elemente auf sie ein.

Insbesondere für den Aussteller ist dieses «Marktgefühl» nicht hoch genug einzuschätzen, denn der Schreibtisch am heimischen Herd ersetzt es mitnichten. Das Messegeschehen (der «Jahrmarkt») bleibt nämlich auch nüchtern betrachtet eine Zauberwelt, deren Fluidum für Absatz und Information sich nur dem Praktiker erschliesst.

Dennoch ist der Wert einer Messebeteiligung auch mit der raffiniertesten elektronischen Erfolgsermittlung nicht exakt zu ermitteln. Zudem werden schmerzliche Erfahrungen hier ausserordentlich teuer. Aber die sorgfältige Beachtung des Genannten und die Beantwortung der aufgestellten Fragen ermöglichen es, die für die Messe eingesetzten Mittel optimal zu nutzen.

- *Messen sind Events und – oft als eigentliche Unterhaltungsveranstaltungen – nah am Leben*
- *Die Beteiligung bringt dem Praktiker das Marktgefühl, das ihm am Schreibtisch verlorengeht*
- *Ohne Definition der zu erreichenden Ziele geht es nicht*
- *Angebahnte Kontakte werden erst im Nachfassen zu Erfolgen*
- *Der Ausstellungsstand ist eine Bühne, für die es Titel, Kulissen, Darsteller und Drehbuch braucht*
- *Das Standpersonal muss vom Regisseur bestens trainiert und kontrolliert werden*
- *Die Beteiligung an Messen beansprucht grosse Budgets, Fehler sind teuer*

Teil drei

# Noch mehr Spezielles zur Verkaufsförderung

*Verkaufen ist nicht Technik, sondern Haltung*

*Keine Aktion funktioniert ohne das Dreieck Verkäufer, Händler, Käufer; und Verkaufsförderung hat viele Gesichter. Eine Handvoll Spielregeln und zehn tendenziöse Gebote beweisen es:*

## Verkaufsförderung ist konzertierte Aktion

Zu hoffen wäre, der Titel sei ein Gemeinplatz, eine Selbstverständlichkeit wie jene umwälzende Erkenntnis der Soziologen der dreissiger Jahre, die Ehe sei vornehmlich eine Geschlechtsbeziehung.

Aber vielleicht bin ich eben gutgläubig. Was meinen Alltag bis zum Überlaufen anfüllt, kann keine Wissenschaft sein – es muss in der Verkaufsförderung doch Höheres geben, meint man als Fortschrittsgläubiger von aussen. Wenn man alle möglichen Aktionen kennt, kann doch die Konzertierung kein Problem mehr sein, oder?

Es gibt eben keine Verkaufsförderung, keine Aktion an sich. Es gibt Ihre und meine und die der Schmutzkonkurrenz. Auch Werbung ist keinesfalls gleich Werbung.

Und was die Fachgelehrten nicht wahrhaben wollen: Keine Aktion kann überhaupt ohne drei Parteien existieren, geschweige denn funktionieren: als da sind der Verkaufsförderer des Herstellers, der seine Marke bewegen will; der Einzelhändler, der ersterem das gestattet und dessen Hilfe entgegennimmt (vom Händler, erst recht vom Konzern kann man nicht erwarten, dass er hilft – er lässt sich gnädig helfen); und die Käuferin (bitte nicht Verbraucherin, ein Allzweckwort, das jede Bedeutung eingebüsst hat).

Wie jedes Dreiecksverhältnis beruht auch dieses auf den Teilnehmern und nicht auf vorgekauten Weisheiten. Und man bedenke: Zwischen zwei Menschen bestehen vier Beziehungen, pro Person eine hin und zurück. Aber schon bei drei Menschen sind es zwölf, bei vier gar vierundzwanzig Kanäle oder Einbahnstrassen. Und dies alles wohlgemerkt, bevor überhaupt an irgendein Vorhaben gedacht werden kann.

## Mangels Ideen erwirbt man Technik

Hier stossen wir auf einen Zustand, dem man besonders als Ausbilder des öfteren begegnet: Man betrachtet den Beruf eines Verkaufsförderers als Natur- oder (Gott behüte) Managementwissenschaft. Man müsse nur allgemeine Regeln kennen und alle Techniken einstudieren, dann stelle sich der Erfolg schon ein. Bei einer Abschlussprüfung habe ich betont, eigene Ideen in der vorzulegenden Aktionsplanung seien gefragt und würden gut benotet: Aber nur ein Bruchteil der Prüflinge wich derart vom wissenschaftlichen Pfade ab. Mangels Ideen erwirbt man Technik.

Um auch mich als wissenschaftlich und nicht bloss geschäftstüchtig zu legitimieren, möchte ich allerdings unser Dreiecksverhältnis als stochastisch bezeichnen – ein Terminus, den ich erst seit kurzem kenne, aber schon immer gesucht habe. Er besagt, dass die meisten tierischen, menschlichen und gesellschaftlichen Handlungen sich innerhalb eines festen, durch Unmöglichkeiten gesetzten Rahmens abspielen (ob Unmöglichkeiten der Physik, des Rechts oder sonst was). Er besagt aber ferner, dass die Vorgänge in diesem Rahmen grösstenteils zweckbewusst vom einzelnen, nicht bloss als Reaktion oder positivistische Folge, verursacht werden.

Hier suchen die Biologen neuerdings sogar die Quelle aller Erkenntnis. Siehe Gerhard Vollmer, *Evolutionäre Erkenntnistheorie.* Es ist die Scheide zwischen Zufall und Wahrscheinlichkeit. Zwar fliessen diese nach dem Gesetz der grossen Zahl in irgendeiner fernen Unendlichkeit zusammen. Im wirklichen Leben jedoch haben unsere Wünsche und Ziele oft Auswirkungen: Es ist an uns, zu erkennen, welche Ergebnisse möglich und dazu noch wahrscheinlich sind. Beim Kartenspiel also corriger la fortune: Wir können die Kartenbilder nicht, ihre Reihenfolge aber sehr wohl ändern.

Den Gesellschaftsphilosophen Friedrich August von Hayek zitierte ich als Gewährsmann dafür, dass das Wissen um Zeit- und Ortsumstände oft wirtschaftlich wichtiger sei als wissenschaftliche Erkenntnisse. Wir als Verkaufsförderer oder verkaufsfördernde Werber müssen, mit anderen Worten, unsere Umwelt kennen, bevor wir mit der sogenannten Kommunikationswissenschaft etwas ausrichten können.

Das ist nun das Schöne an der Stochastik: Sie lässt uns trotz allem noch hoffen. Sie zeigt uns, dass unsere Bestrebungen zwar nicht immer

Erfolg bringen, wohl aber in einer vorhandenen Umgebung oft Änderungen (Hayek: «Die Geschichte aller sozialpolitischen Massnahmen ist die Geschichte ihrer unvorhergesehenen und ungewünschten Folgen»). Und somit zeigt sie auch, dass es kaum apriori richtige und falsche Handlungsweisen innerhalb der gegebenen Grenzen gibt. Wenn das Vorgesehene glückt, war's richtig.

**Wenn das Vorgesehene glückt, war's richtig**

Also zurück zu unserem stochastischen Dreiecksrahmen der Unmöglichkeiten. Er bestimmt vor allem das vielseitig geladene Verhältnis zwischen Markenartiklern und Detailhandel, was wiederum das Verhältnis zur Käuferin beeinflusst. Das bleibt seit den späten siebziger Jahren auch unsere berufliche Umwelt der kommenden Jahre.

Zur Illustration ein Beispiel: Ein bekannter Lebensmittelfilialist führte in einem Seminar 29 verschiedene Zuschüsse, Boni, Rabatte, Nachlässe, Mieten und Gebühren auf, die (einzeln oder oft zu mehreren zusammen) den Lieferanten vom Handel abverlangt und notabene auch zugestanden wurden. Viele dieser Abgaben sind inzwischen gerichtlich verboten, aber wo kein Kläger ist, ist auch kein Richter. Welcher Markenartikler verklagt gern die 30 % seines Umsatzes, die ihm beispielsweise, wenn auch mühsam, von Verteiler XY zufliessen? Das war schon während der ersten Rezession in den Siebzigern so, als dem Handel nichts ausser Kampfpreisen einfiel, und die Hersteller nicht eigenmächtig mit anderen Extras dazwischenfunken sollten. (Sollen sie auch heute nicht, aber sie dürfen teils wieder Ideen haben.)

Mittlerweile fängt der Handel an, einzusehen, dass keine Ware mittels Preisen zu verkaufen oder gar zu verschenken ist, die nicht von sich aus Interesse beinhaltet. Sind alle Herstellermarken tot, so hat man nichts, was man den Handelsmarken der Grossverteiler entgegensetzen kann.

Damit treffen wir einen Wesensunterschied zwischen Eidgenossenschaft und nördlichem Nachbarn: Dort sind die Umsatzkanäle vielfältiger und weniger übersichtlich, dafür gibt es aber einen gemeinsamen mächtigen Gegner, die Migros, gegen den sich andere Filialisten und die Hersteller verbünden können. Dass einzelne den Kampf allein von den Herstellern bezahlen, wenn nicht gar überbezahlen liessen, tut nichts zur Sache. Die Konditionen wurden nicht besser, aber die

Markenartikler bekamen selbst in den Augen der Grossabnehmer wieder Existenzberechtigung.

Das ist ja alles nicht neu. Vielleicht auch nicht der allmähliche Klimawechsel, den viele Marketer vorauszuspüren vermeinen. Es scheint, als weise die derzeitige Entwicklung auf einen Konsumtrend in Richtung «Geniessen» hin. Die Kundschaft ist selbst während der letzten Rezession wählerischer geworden. Auch wenn nach wie vor die Preisattraktivität die Ladenwahl für die Einkäufe massgeblich beeinflusst – gerade die Hochdrucktechnik der Grossverteiler nivelliert sich. Es gibt nur eine begrenzte Zahl Hersteller und eine noch begrenztere Zahl Filialisten, die es sich leisten können, dauernd auf breiter Basis unter dem Einstandspreis zu verkaufen. Zum Schluss gleicht sich alles wieder aus. Und daher gewinnen die Aspekte Sortiment, Qualität, Übersicht, Sauberkeit, Freundlichkeit, Atmosphäre, Beratung und Service wieder enorm an Bedeutung.

### «Keine Angst, Jungs, es ist nichts verloren ausser der Ehre»

Wie gefährlich eine im Absatz länger andauernde «Nur-Preis-Attraktivität» sein kann, zeigte sich in der negativen Imageentwicklung der Discounter. Man könnte zwar mit dem amerikanischen Börsenpiraten Jim Fisk sagen, «keine Angst, Jungs, es ist nichts verloren als die Ehre», aber bei den Discountern ist bereits etwas anderes sehr wohl verloren, nämlich Umsatz.

Zum vermeintlich selbstverständlichen Bedürfnis des günstigen Einkaufens kommen wieder die qualitativen Erlebnisfaktoren im Sinne eines empfundenen Gegenwertes dazu.

Gerade erwähnt wurde das «vermeintlich selbstverständliche» Verlangen nach günstigen Preisen. Der Handel und folglich auch wir machen uns meines Erachtens zuwenig Gedanken darüber, die Käuferin dafür vordergründig zuviel.

Fragt man jemanden, ob er einen bekannten Artikel lieber für fünf oder sechs Franken hätte, wird er selbstverständlich fünf sagen. Nicht selbstverständlich ist dagegen, dass er den Artikel überhaupt will. Oder vielleicht will er ihn nur, wenn der Preisunterschied zum eigentlich gewünschten Produkt zu gross ist.

Man sagt gern, ein niedriger Preis wirke an sich animierend. Falsch! Der Gedanke des niedrigen Preises animiert, falls Interesse überhaupt besteht. (Jemand erlaubte sich einmal den Spass, direkt vor einer Zweitplazierung Konserven mit neun Pfennig Nachlass ein 50-Pfennig-Stück auf den Boden zu legen. Es blieb den ganzen Tag unberührt.) Hayek: «Preise haben in der Bildung einer Marktordnung vornehmlich Signalwirkung.»

Altbekannt ist die Erkenntnis, dass Gutsituierte aktiver günstige Bezugsquellen suchen als Minderbemittelte. Mit dem üblichen Vorbehalt, dass alle Erklärungen unvollständig und alle Motive gemischt sind, sehe ich dafür einen doppelten Grund. Im seltener vorkommenden Extremfall der Armut kann man es sich nicht leisten, Reserven zu bilden, und werden sie noch so günstig angeboten. Genau wie mancher noch teuer im Quartierladen an der Ecke einkauft, weil das Anschreiben einkalkuliert ist.

## Man fährt bekanntlich 50 km mit dem Zweit-Mercedes zum Einkaufszentrum, weil die Tiefkühlerbsen um 89 Pfennig billiger sind

Bei den Wohlhabenden andererseits ist die Angebotssuche nicht Notwendigkeit, sondern Sport. Man fährt bekanntlich und fast bewusst 50 km mit dem Zweit-Mercedes zum Einkaufszentrum, weil die Tiefkühlerbsen um 89 Pfennige billiger sind.

Und jetzt kommen wir auf mein Steckenpferd, die Animation – weil da auch sonst was los ist. Ich zitiere mich kurz: Die Animation ist die Beseelung, das Herauslocken der Leute aus der Reserve, die Ermutigung, etwas aus reinem Spass zu tun und nicht auf Befehl oder aus Berechnung. Man kann sagen, eine Tätigkeit als Teil der Freizeit und nicht der Arbeitszeit zu empfinden (vgl. Animierdamen). Ende des Zitats.

Mit anderen Worten: Wer die 89 Pfennige wirklich nötig hat, ist in diesem Sinne nicht zu animieren. Er handelt aus Zwang und nützt die momentane Notlage der Hersteller, um jeden Preis mehr verkaufen zu müssen, bei dieser Gelegenheit aus. Für die einfache Hausfrau also Pflicht und nicht Kür.

Und, verehrte Kollegen, bei der Kür geht es entlang. In einer Untersuchung der Basler Prognos AG auf dem Bekleidungssektor heisst es unter anderem: «Die Nachfrage nach Bekleidung wird noch differenzierter.

Der Bekleidungseinkauf dürfte zunehmend den Charakter einer ‹Freizeitbeschäftigung› annehmen. So wird der Konsument künftig für den Bekleidungseinkauf mehr Geschäfte aufsuchen als heute. Hiervon profitieren vor allem diejenigen, die preisgünstige Kleidung anbieten (Profilierung über den Preis), aber auch diejenigen, die sich durch eine grosse Auswahl (Sortimentsbreite) oder ein exklusives Angebot auszeichnen ... Der Verbraucher strebt in einer Zeit der Marktsättigung nach mehr Individualität und höherem Prestige. Dies wirkt sich auch auf die Bekleidung aus. Die Konsumenten betrachten die gegenwärtige Mode kaum noch als Diktat.»

**Die Verbraucher streben in einer Zeit der Marktsättigung nach mehr Individualität**

Vor der Lektüre dieser Studie notierte ich für uns in der Agentur: «Die Vielfalt und Komplexität der Konsumentenbedürfnisse stellen an den Handel die Forderung, dem Kunden ein möglichst grosses Sicherheitsgefühl auf der emotionalen (und grundlegenden) Ebene der Einkaufssituation zu vermitteln. Diese Sicherheitsvermittlung mit der vorausgegangenen Gegenwertsthese ist im wesentlichen eine Kommunikationsaufgabe, die vorbereitend durch die Werbung in den Massenmedien eingeleitet, letztlich aber im Laden unter Beweis gestellt werden muss.»

**Das Undenkbare denken, die gesicherte Erkenntnis anzweifeln, Erfahrungssätze hinterfragen**

Um Sicherheit zu vermitteln, müssen wir paradoxerweise den Mut zur Ungewissheit aufbringen. Dazu gehört insbesondere der Mut, die feste Zielsetzung, die gesicherte Erkenntnis anzuzweifeln, Erfahrungen in Frage zu stellen, das Undenkbare zu denken. Etwa, dass wir Verkaufsförderung gar nicht mehr bräuchten, wenn wir nur mehr Produkteinnovation hätten, unverwechselbare Produkte statt austauschbare (manch einer gäbe seine – eigentlich unnötige – fünftausendstel Sekunden Belichtungszeit her für eine neuentwickelte 3-D-Kamera.)

In seinem blendenden Buch über die systematische Suche nach unternehmerischen Chancen unterteilt Edward de Bono die Leitenden als

Neuerer nach Charaktereigenschaften in Lokführer, Ärzte, Bauern und Fischer.

*Lokführer:* «Lass mich die vorgeschriebenen Aufgaben im festgefügten System perfekt erfüllen.»

*Arzt:* «Lass mich das System gesund und funktionstüchtig erhalten, indem ich entstehende Probleme erkenne und löse.»

Bauer: «Lass mich die höchstmögliche Rendite aus dem festen Bereich erwirtschaften.»

*Fischer:* «Lass mich eine Warte einnehmen, von der aus ich jede Chance erspähe und verfolge, wo sie auftritt.»

Die Lokführer sind nun für einen geordneten Betrieb unerlässlich, aber nicht in der Verkaufsförderung: Es gibt dort keine vorgeschriebenen Aufgaben, ausser vielleicht neue zu erkennen. Der Lokführer bestimmt die Zuggeschwindigkeit, nicht aber die Richtung. (Man darf das auch gern so auslegen, dass die Verkaufsförderung kein geordneter Betrieb ist.)

Die Arzttypen haben die verwandte Schwierigkeit, dass kein System, und erst recht kein gesundes, ersichtlich ist. Dass die Filialisten das verschriebene Aktionswerbematerial aufstellen, ist mehr Ausnahme als Regel. Dass sie es nicht aufstellen, ist vielleicht krankheitserregend, jedoch selten als heilbare Krankheit des Patienten zu sehen.

Die geborenen Bauern haben ein dankbares Feld als betriebliche Verkaufsförderer, solange sie das Gesamtgut und nicht nur den Zwiebelacker im Auge behalten. Das sind zum Beispiel die richtigen Animateure des Detailhandels: schwören nicht auf Orchideen, halten Blumen aber auch nicht für Firlefanz.

Die Fischer (laut de Bono reine Opportunisten, jedoch gut ausgebildet und ausgerüstet und keineswegs mit Hasardeuren zu verwechseln) haben die besten Voraussetzungen, Verkaufsförderung hauptamtlich zu betreiben. Sie sind eben die Hayekschen Ortskundigen. So gesehen, ist die Verkaufsförderungswissenschaft mehr Randverzierung, eine Klassifizierung der Netzmaschen. Zu hoffen ist auf jeden Fall, sie mag dem Nachwuchs als Lexikon, nicht aber als Stundenbuch dienen.

Zu diesem Mut zum Zweifeln ist weiter zu wünschen der Mut gegenüber Chef und Kunden, still vor sich hinzuwerkeln, bis man eine

Ausarbeitung fertig hat, die der Vorgesetzte einfach (Warum? Ja warum nicht?) hinnimmt. Das war für viele Altvorderen die beste Methode, Kreativität zu verkaufen.

**Norm ist gleich Durchschnitt, also der Inbegriff des Langweiligen und der Tod aller Kreativität**

Weiter eine Hoffnung für die, die unbedingt wollen, ein Anliegen an die jungen Kollegen der Branche: Sie mögen die Unbotmässigkeit erwerben, ob hier und heute oder sonstwo irgendwann. Gut, man muss manch langweiliges Handwerk büffeln, aber oft mehr, um es begründet ablehnen zu können. (Siehe z. B. die Preisaktionen.)

Zu bedenken ist immer: Norm ist gleich Durchschnitt, also der Inbegriff des Langweiligen und der Tod aller Kreativität. Die (für andere) viel gepriesene Selbstlosigkeit bedeutet ja letztlich Charakterlosigkeit – wo nichts ist, hat auch der Heiland sein Recht verloren.

Ein gewisses Mass an fundierter persönlicher Überheblichkeit soll man also bereit sein als Ausbilder, ja als Chef hinzunehmen. (Man denke an die alte Politiker-Devise: Wenn wir es machen, bauen wir für die Zukunft, wenn die anderen es machen, stürzen sie die Stadt in Verschuldung. Stimmt doch – auch umgekehrt. Ein reversibler Satz.)

Was niemand sich wünschen darf, ist berufliche Überheblichkeit: der Zukunftglaube, dass die Absolvierung unserer oder gar meiner Lehrgänge die höheren Weihen erschliesst. Alles, was man erlernt oder sich aneignet, ist laut Edward Hau eine Erweiterung seiner selbst – meist kein Selbstzweck wie die philosophische Erkenntnis, sondern eine Verstärkung der Person – nicht unbedingt der Berufsgruppe.

**Die hitzigsten Verteidiger einer Wissenschaft sind solche Personen, die es nicht sehr weit in derselben gebracht haben**

Und überhaupt, Berufsgruppe: gleich werden wir sehen, was von Zielgruppen zu halten ist. In unseren eigenen und verwandten Berufsgruppen muss ich immer wieder an Georg Christoph Lichtenberg denken: «Die hitzigsten Verteidiger einer Wissenschaft, die nicht den geringsten scheelen Seitenblick auf dieselbe vertragen können, sind gemeiniglich solche Personen, die es nicht sehr weit in derselben gebracht haben, und sich dieses Mangels heimlich bewusst sind.»

Oder der englische Staatsmann Francis Bacon: «Wer Ränke schmiedet, um als einzige Ziffer in einer Reihe Nullen zu stehen, ist der Niedergang des ganzen Zeitalters.» Er sagte allerdings auch: «Ich halte jeden für einen Schuldner seines Berufs.» Und da soll man ihm nur bedingt folgen. Bei Ärzten oder Theologen mag es stimmen, in unseren Niederungen aber schuldet der Beruf viel eher einigen wenigen Ausführenden alles. Ähnlich wie in der Reklame tatsächlich nicht das Medium die Botschaft ist, sondern wie die Botschaft etwa eines Ogilvy, Bernbach oder Gossage das Medium als persönliche Ansprache bestimmt anstatt als Postwurfsendung.

Was hilft's, wenn man alles kann, aber nichts zu sagen hat? Oder wenn alle das gleiche können und sich gegenseitig handwerklich aufheben?

Die Rede war vorhin und jetzt wieder von den Filialisten, und man kann es, wie gesagt, für selbstverständlich halten, dass unser Verhältnis zu ihnen auch dieses Jahrzehnt für uns bestimmt. Auch wenn sie noch immer «Lieferanten» sagen und nicht «Produzenten».


**Die einzige zulässige Hersteller-Promotion besteht aus der Bekanntgabe eines riesigen Werbebudgets und geheimgehaltenen Konditionen**

Nun: im Handel wie sonstwo gibt es Animateure, und es gibt Antreiber. Nach den Erfahrungen auch hierzulande denkt man allzu leicht allein an die Knutenschwinger: die Konzerne, wo die einzige zulässige Hersteller-Promotion aus der Bekanntgabe eines riesigen, bieder auszugebenden Werbebudgets und aus wohlweislich geheimgehaltenen Konditionen besteht.

(Übrigens ist im Vorbeigehen zu beklagen, dass die Antreiber insofern noch den Ton anzugeben scheinen, als der Handel kaum in den Seminaren und Symposien des Marketing und der Verkaufsförderung vertreten ist. Dabei könnten sich Filialisten und noch höhere Tiere gewinnbringend bei uns bedienen.)

Äusserlich scheinen Grosshandel und Grossverteiler für den Verkaufsförderer der Markenartikler und ihrer Werbeagenturen fast wie der Feind schlechthin: monolithisch, abweisend, riesengross und doch kleinlich, unbeweglich, kurzum: unmenschlich. Aber niemand soll lachen: Innerhalb der regionalen Verkaufsleitungen, Werbe- oder Verkaufsförderungsabteilungen der Riesen beschäftigt sich meist, haupt- oder nebenamtlich, einer der Mitarbeiter mit einem ganzjährigen Programm zur Laden-Attraktivierung. Also ein Mensch, der für die Animation in den Läden mehr als zugänglich ist. Er sucht ständig (oft verzweifelt) nach neuen Ideen, nach Massnahmen, um Leben in die kaltherzige Ladenatmosphäre zu bringen, nach Lösungen, die das Einkaufserlebnis erhöhen, Stimmung in und vor die Läden bringen, die Kundenzahl steigern, die Besuchsfrequenz und Verweildauer erhöhen und für vermehrten Umsatz sorgen.

**Einer sucht nach Massnahmen, die das Verkaufserlebnis erhöhen**

Dass dabei, oder nur so nebenbei, für ein Produkt oder eine Produktgruppe geworben wird, stört diesen Macher nicht im geringsten. Der Einkauf mag noch so spitze Rotstifte schwingen, ohne Animation bewegt sich in den Regalen nur die Billigware, die schliesslich am wenigsten Gewinn bringt.

Bei den Attraktivierern fällt auch etwas anderes auf: sie bilden eine Ausnahme zum Gesetz von Risiko und Grösse. Dieses Gesetz besagt, dass der Mut zum Risiko – ab einer bescheidenen Mindestgrösse – im umgekehrten Verhältnis zur Grösse des Unternehmens stehen muss. Wir wissen ja, dass jeder Vertreter, ob Papst oder Akquisiteur, vor allem sich selbst vertritt, immer im Rahmen dessen, was er vertritt. Damit scheint es weniger verwerflich, wenn ein Angestellter erst an sich und dann an das Unternehmen denkt. Er möchte dem Unternehmen nutzen, aber nicht auf eigene Kosten. (Dem Unternehmer bleibt ja dieses Dilemma erspart.)

**Ohne Animation bewegt sich in den Regalen nur die Billigware**

Nun gut. Wenn einer für einen kleinen Laden mit einem Schlag fünf Millionen mehr Umsatz macht, profiliert er sich, gelinde gesagt. Macht er das gleiche in einem Milliardenunternehmen, so ist das hinter dem Komma in der Bilanz kaum auszumachen. Somit wird Risikofreudigkeit für den einzelnen zur sinnlosen Unterbrechung des Konzerngeschehens. Ein entsprechender Verlust täte nicht weiter weh, aber man hätte einen Sündenbock, und wozu das Ganze?

Der Attraktivierer jedoch hat die amtliche Aufgabe, für wenig oder möglichst fremdes Geld aufzufallen. Kann er's mit unserem Verkaufsförderungsbudget erzielen, so ist er doppelt glücklich und wir mit ihm.

Manch einer meint vielleicht arglos, der Werber habe das gleiche Ziel, aber weit gefehlt. Die Reklame lässt sich schliesslich im voraus nur nach dem Aufwand beurteilen, die Wirkung kommt hinterher, lange nachdem man mit dem Streuplan hausieren gegangen ist. Wenn sie überhaupt kommt. Und bis dahin ist man schon mit der nächsten Etatplanung beschäftigt. (Das grösste Missgeschick ist ja, das letztjährige Budget nicht voll ausgegeben zu haben.)

Das bringt uns auf einen weiteren Punkt, fast möchte man sagen, auf das Geheimnis unseres Handwerks. Nämlich den Einstellungsunterschied, der Werbung von Verkaufsförderung nebst Einzelhandel trennt. Da lässt sich zwar immer predigen, dass wir uns alle miteinander als Verkäufer verstehen müssen, der eine so, der andere so. Beim So geht's aber auseinander.

**Wer einmal hinter einer Ladentheke gestanden hat, weiss, dass Zielgruppen Seifenblasen sind**

Der versierte Kollege von der Reklame spricht ständig von Zielgruppen, und alle tun's ihm allzugern nach. Wer von uns jedoch einmal hinter einer Ladentheke gestanden hat, weiss, dass Zielgruppen Seifenblasen sind. Was wir wirklich brauchen, sind Zielpersonen. An die kann man verkaufen, aber immer an eine nach der anderen. Man muss sie linear erfassen, wie letztlich der Werber auch, nur der hat das Gefühl, weil seine Botschaft an alle gleichzeitig abgeht, käme sie auch bei allen gleichzeitig an. Die Zielpersonen aber betreten einzeln den Einzelladen und gehen einzeln (hoffentlich nicht länger als Zielpersonen, sondern als zufriedengestellte Käufer) hinaus.

**Es gibt keinen Handel, es gibt nur Händler**

Das gleiche gilt ausserdem für besagte Grosshändler und -verteiler. Man wähnt sie als Zielgruppe, weil sie feste Standorte haben. Sie sind jedoch nur für den fest, der sie persönlich aufsucht. Kurz: es gibt keinen Handel, es gibt nur Händler. Bei den Werbepäpsten dagegen hat man manchmal den Eindruck, sie seien es geworden, weil sie nicht mit etwas so Gewöhnlichem wie mit Käufern verkehren wollen. (Ich kannte einen namhaften Industriewerbeleiter, der seinen Texter tadelte: «Dieser Schlogan – Fachausdruck für Schlagzeile – spricht den Leser zu persönlich an.»)

**Jetzt die angekündigten zehn tendenziösen Gebote, betreffend die Verkaufsförderung am Verkaufsort in Grosshandel und Grossverteilung:**

*Erstens*
Bevor man sich Gedanken über die eigene Arbeit macht, sollte man sich Gedanken über den Grossverteiler selbst machen. Dieser ist ein kompliziertes, weitverästeltes Gebilde, das man nicht einfach unter Absatzkanal a) oder b) klassieren und bearbeiten kann.

Es gibt erstaunlicherweise noch immer massgebende Leute in Werbung und Verkauf, die den Unterschied zwischen einer Konsumgenossenschaft und einer Filialkette oder zwischen Warenhäusern und Shoppingzentren nicht kennen.

Man muss also mit dem generellen Aufbau vertraut sein, der Struktur, den Aufgaben und Möglichkeiten der Einkaufszentralen, auch ihrer Durchschlagskraft bei allfälligen regionalen – und manchmal autonomen – Entscheidungszentren (die Zentralen haben manchmal nur bedingten Einfluss auf die Verkaufsfront). Man muss die Kommissionen kennen, die sich mit den Marktbearbeitungsmassnahmen beschäftigen und auch begrüsst werden wollen, die Einflüsse der Zentrallager und Produktionsbetriebe und natürlich die komplizierte Ladenstruktur, die vom Kiosk über Drogerien bis zum Verbrauchermarkt reicht.

Dieses Wissen ist unabdingbare Voraussetzung (wie gesagt: Hayeksche Ortskunde, stochastischer Rahmen).

*Zweitens*
Man muss, wie bereits gesagt, an die zuständigen Leute kommen, sie persönlich aufsuchen und sie hofieren, sich mit ihnen absprechen und sie oft auch ködern. Denn selbst ein netter Brief, geschweige denn eine unpersönliche Aussendung (vierfarbig ist hinausgeworfen), erledigt sich meist von selbst: im Papierkorb.

*Drittens*
Der Grossverteiler ist für partnerschaftliche, gemeinsame Marktbearbeitungsmassnahmen empfänglich, sofern sie massgeschneidert sind (nochmals: zum Massnehmen gehören Besuche) und sein Budget nicht belasten, oder noch besser, entlasten.

*Viertens*
Verkaufsförderung am Verkaufsort hat bei einem Grossverteiler nur Chancen, wenn sie kooperativ mit ihm zusammen entwickelt wird oder er wenigstens dieses Gefühl hat. (Der Chef einer grossen deutschen Kette äusserte sich neulich vor der Presse empört über die Anmassung der Hersteller, ihre Werbung eigenmächtig zu machen.) Sie muss ausserdem langfristig terminiert und auf besondere Bedürfnisse (Standardmasse usw.) abgestimmt sein.

Zum Kooperationsgefühl eine amerikanische Geschichte, wenn auch schon vor dem ersten Weltkrieg datierend: Der Juniorchef eines Schulbuchverlags bereist die Schulen mit einer neuen lateinischen Grammatik. Er selbst ist ein studierter Mann und kann das Buch gut ausloben. Ein Konkurrenzverlag bringt gleichzeitig ebenfalls eine lateinische Grammatik heraus. Dessen Vertreter ist gerade im Abituralter, aber mitnichten Abiturient. Er erzählt der jeweiligen Lateinlehrerin wahrheitsgemäss, er habe nur Volksschulbildung und sei über den Packraum zum Verlag gekommen. «Die waren furchtbar nett zu mir und gaben mir die Chance, es als Reisender zu versuchen. Und ausgerechnet ich muss mit einem Lateinbuch anfangen. Es wäre mir eine grosse Hilfe, wenn Sie sich diese Grammatik ansehen könnten und mir ein paar Tips geben, was daran besonders empfehlenswert ist. Ich möchte schliesslich nicht wie ein Ignorant herumlaufen.» Juniorchef des Wettbewerbers: «Der Bursche hat mich und meine Grammatik glatt vom Tisch gefegt.

Die seine taugte nicht viel, aber die Lehrerinnen wurden eben auf die Vorteile und nicht auf die Nachteile aufmerksam und haben sich selbst überredet.» Zurück zu den Geboten.

*Fünftens*
Nationale Marktbearbeitungsmassnahmen sind fast ausschliesslich auf klassische Werbeträger fixiert und werden meist zentral eingesetzt. Also: Schaufensterdekors, Werbebeilagen in Versandkartons, Insertionen, Television, vielleicht noch Aussenwerbung. Etwas für die Wissenschaftler und Lokführer der Branche. Ausnahmen sind nur: Verkaufspunktwerbung bei Aktionen und bei Neuheiteneinführung.

*Sechstens*
Zur Abwechslung doch eine allgemeine Feststellung: Für normalpreisige Ware wird den Um- und Transportpackungen und -einheiten fast durchwegs zuwenig Aufmerksamkeit geschenkt. Das Ladenpersonal wünscht und bevorzugt verkaufsgerechte Verpackungen und Umpackungen mit Sichtfenstern, Aufreisslaschen, Minipaletten usw., weil die Handhabung dadurch gekürzt und erleichtert wird. Damit ist auf einfache Weise eine bessere Warenpräsentation gewährleistet, ein zweiter – selbstausstellender – Verkaufspunkt plaziert, was sich direkt auf den Umsatz auswirkt. Unverständlicherweise bieten die Herstellerfirmen diesen Service nur bei Aktionen und Einführungen.

*Siebtens*
Anspruchsvolle Verkaufsförderungsaktionen und exklusive Animation können – beinahe lückenlos – auch über die regionalen Verkaufsleitungen organisiert werden. Dies hat natürlich grösseren Arbeitsaufwand zur Folge, dafür ist der Einsatz der meist recht teuren Werbematerialien garantiert; man kennt die effizientesten Verkaufspunkte und die örtlichen Gegebenheiten.

*Achtens*
Haben wir schon oben vorgezogen: die Ladenattraktivierung bei den Grossverteilern und deren Schlüsselfiguren.

*Neuntens*
Wer nichts anderes will, als nur einen zweiten Verkaufspunkt in den Läden plazieren, Gratismuster abgeben oder knallbunte Rotairs aufhängen, hat beim Grossverteiler nichts zu suchen, denn auch der Grossverteiler kennt sein Metier und will den grössten egoistischen oder partnerschaftlichen Nutzen aus der Verkaufsförderung ziehen, nicht nur Produktumsätze verlagern.

*Zehntens*
Folgerung: Der Verkaufsförderung, Promotion oder Animation sind beim Grossverteiler fast keine Grenzen gesetzt, wenn man sich an die richtigen Spielregeln hält, professionell vorgeht, mehr in die Verkaufsfront investiert und sich vor Mehrarbeit (bei Werbeagenturen meist mit Unrentabilität verwechselt) nicht scheut. Fazit: der angelsächsische Spruch «Kannst du sie nicht schlagen, so schlag dich zu ihnen.»
Hierbei ist natürlich Einfühlung der Schlüssel zum Überlaufen. Wie einmal, als aus einem Weiler ein Esel entlief. Das ganze Dorf sucht vergebens das Langohr. Am späten Nachmittag kommt der Dorfdepp mit dem Esel heimgetrudelt. «Aber wie hast gerade du ihn erwischt, wo nicht einmal der Pfarrer ihn gefunden hat?» «No, ich sagte mir, wärst du ein Esel, wo gingst du hin, und ich tat's, und da war er.»

- *Zwischen zwei Menschen bestehen vier Beziehungen, je eine hin und zurück, und so weiter*
- *Animation mit Showelementen ist erfolgreich, da als privat empfunden*
- *Nicht bei der Pflicht, bei der Kür geht es lang*
- *Dass die Filialisten das Werbematerial der Markenartikler aufstellen, ist eher Ausnahme als Regel*
- *Zielgruppen sind Seifenblasen, gefragt sind Zielpersonen*
- *Es gibt keinen Handel, nur Händler*
- *Kannst du sie nicht schlagen, schlag dich zu ihnen*

*Die Informationsüberflutung, rechtliche und selbstgewählte Beschränkungen klassischer Streuwerbung und Freistellungszwang begünstigen ein überproportionales Wachstum unkonventioneller Formen der Werbung. Die Marketingtochter Verkaufsförderung und die Direktwerbung sollten sich deshalb zusammentun.*

## Personalisiertes Marketing tanzt auf allen Hochzeiten

Stellen wir uns vor, eine einflussreiche Persönlichkeit unseres Wohnorts habe uns zu einer Party in ihre Villa eingeladen. Wir wissen, dass eine interessante Gesellschaft zusammenkommen wird, darunter Leute, die für unsere berufliche Karriere wichtig sein können.

Natürlich freuen wir uns sehr über die Chance, die das Gastgeberpaar bietet. Aber wir haben ein kleines Problem. Wir wissen nicht, mit welchem Mitbringsel wir Dame und Herr des Hauses – Georges und Annemarie – überraschen könnten. Denn das sind natürlich Leute, die schon alles haben.

Nun, wir sind mit Arbeit überhäuft, und die legendäre Muse, die jetzt kommen und uns küssen müsste, will sich einfach nicht einstellen. Zum Schluss bleibt nur noch die übliche Verlegenheitslösung: eine Flasche Wein für den Hausherrn, eine Tüte Pralinen für die Dame.

Wir machen uns also auf den Weg zum nächstgelegenen Einkaufszentrum. Dort haben wir Glück, denn es läuft gerade eine originelle Aktion – etwas, das wir noch nie gesehen haben. Da steht auf einem Ladentisch ein grosser Behälter – gefüllt mit bunt verpackten Schokoladetäfelchen im Zentimeterformat. Jedes ist mit einem grossen Buchstaben oder einer einstelligen Zahl bedruckt, doch es gibt auch unbedruckte oder mit Rosen und Herzen geschmückte Exemplare.

Die Demonstrantin erklärt, dass es verschieden grosse, flache Schachteln zu kaufen gäbe und dass man mit den Schokolädchen Namen oder zum Beispiel Autonummern in die Schachteln schreiben kann, genau so, wie man in der Bleisatzzeit mit Buchstaben und Setzkasten arbeitete.

Wir müssen nicht lange überlegen: Natürlich, das ist doch das Ei des Columbus, das wir suchten.

Wir erkundigen uns noch rasch bei Georges' Sekretärin nach dessen Autonummer, belegen dann eine Schachtel mit dieser Nummer und eine weitere mit dem Vornamen «Annemarie». Die Ränder und Zwischenräume werden teils mit unbedruckten, teils mit geschmückten Schokolädchen ausgefüllt. Die Schachteln haben durchsichtige, glasklare Deckel, die Präsente sehen hübsch und sehr privat und persönlich aus.

Unsere Mitbringsel sind auf der Party ein grosser Erfolg. Für die Gastgeber ist es (noch!) gänzlich neu und nie gesehen, und besonders freut sie, dass wir uns die Mühe genommen haben, ein persönliches Geschenk auszudenken: Die Schachteln machen die Runde, und die Gastgeber werden immer wieder gefragt, von wem sie diese originellen (originalen!) Präsente erhalten haben. So kommt es, dass wir mit unserer überraschenden Idee angenehm auffallen, dieser oder jener Gast, der für uns wichtig sein könnte, merkt sich unseren Namen.

Welchen Bezug diese Geschichte zum Thema habe? Nun, sie ist ein typisches Beispiel für personalisiertes Marketing. Und es ist davon auszugehen, dass personalisiertes Marketing bald einmal ein neuer Stern am Marketinghimmel ist, eine neue Methode auch und ganz sicher eine neue Sicht der Dinge.

Dabei geht es um die Realisierung einer Idee oder Strategie, die absolut neu, absolut einzigartig und hundertprozentig auf den Empfänger, ein einzelnes Individuum, zugeschnitten ist – beileibe also nicht auf eine abstrahierte Zielperson oder gar eine quantitative Zielgruppe.

**Immer neue Trends**

Warum ist dieser hohe Stellenwert der Eigenschaften neu, original, personalisiert? Auf den Bühnen von Marketing, Verkauf und Werbung fallen die Vorhänge nie – abklingende Trends werden immer wieder von neuen Trends abgelöst, jetzt ganz augenscheinlich von allem Originalen, vom Privaten, vom Personalisierten.

Hinweise, wie sich die aktuelle Beliebtheit des Originalen und Personalisierten erklären lässt, finden wir in einer Delphi-Studie der Universität Bern über «Die Werbung im Markt von morgen», die im Auftrag des Verbandes der Schweizerischen Werbewirtschaft durchgeführt wurde.

Die involvierten 43 Experten wurden unter anderem gefragt: «Welche Art der Werbung gewinnt das Rennen?» Von 100 Indexpunkten im Befragungsjahr ausgehend, nahmen die Befragten für die nächsten zehn Jahre eine allgemeine Steigerung des Gesamtaufwandes für die klassische Werbung, die unkonventionelle Werbung und die Verkaufskommunikation auf 130 bis 150 Punkte an, was nicht sehr überrascht.

Das Interessante daran ist jedoch, wie unterschiedlich die Chancen für die einzelnen Sparten beurteilt wurden. Die klassische Streuwerbung schliesst in dieser Wachstumswertung am schlechtesten ab, die Verkaufsförderung und das Direct Mailing werden wachstumsmässig punktegleich mit dem Gesamtwerbeaufwand eingestuft, während dem Telefonmarketing und der unkonventionellen Werbung – was das auch immer heisst – die höchste Wachstumsrate zugetraut werden.

Es ist zu vermuten, dass sich hier eine Sehnsucht nach neuen Marktbearbeitungsinstrumenten manifestiert. Die von den Experten der Delphi-Studie am meisten geäusserten Argumente lauteten nämlich:

- «Jedes weitere Anwachsen der Informationsflut zwingt vermehrt zur Anwendung von unkonventionellen Mitteln.»
- «Die klassische Werbung wird zunehmend durch Beschränkungen erschwert.»
- «Die klassische Werbung ist durch das Medienangebot beschränkt, vor allem beim Plakat, bei der Fernseh- und Radiowerbung.»
- «Unkonventionelle Werbung erlaubt auch im Medienbereich Alleinstellung gegenüber der Konkurrenz.»
- «Für bestimmte Arten unkonventioneller Werbung spricht die Zunahme der Dialog-Kommunikation mit relativ kleinen Zielgruppen.»

Das auf die Entwicklung der verschiedenen Werbebereiche bezogene Fazit der Delphi-Studie lautet demnach: «Steigende Informationsflut, rechtliche und selbstgewählte Beschränkungen der klassischen Werbung und Differenzierungszwang begünstigen ein deutliches, überproportionales Wachstum der unkonventionellen Werbung.»

Die genannten Fachexperten sind natürlich auch nichts anderes als Kinder unserer Zeit. Wir leben in einer Phase selbstverliebter Individualisierung und manischer Selbstverwirklichung. Dieses Streben ist eine gesunde Reaktion auf den uns scheinbar gnadenlos erfassenden Sog der Vermassung. Zur Sehnsucht der befragten Experten nach neuen Marktbearbeitungsinstrumenten gesellt sich wie bei jedem bewusst lebenden Menschen die Sehnsucht, als Individuum ernst genommen zu werden, und dieses Wissen um den neuen Trend muss bei der Beurteilung mitgespielt haben.

**Wir sind uns einig, es muss etwas Neues her**

Jawohl, wir brauchen etwas Neues, etwas anderes, etwas Unverbrauchtes, noch nicht Ausgelutschtes, wenn immer mehr Kommunikationsmanager meinen, die konventionelle Werbung sei mittlerweile ausgereizt. Dieses noch immer unbekannt Neue könnte durchaus von einer ganz bestimmten Paarung kommen: Wir müssen das Marketinginstrument Verkaufsförderung – das Aktivieren mit Aktionen, das Animieren mit Extras, die Inszenierung mit Attraktionen – mit der Direktwerbung vermählen.

Denn die Direktwerbung ist das Medium, das uns direkteste Personalisierung ermöglicht, während empfängerzentrierte Verkaufsförderung die personalisierten Kontakte – planbar! – in aktive Handlung auf der Verkaufsstelle umwandelt.

**Auf allen Hochzeiten tanzen**

Der Verkaufspunkt, im Fachjargon der «Point of Sales», spielt im personalisierten Marketing eine tragende Rolle. Das Ladenlokal ist das Medium, das ohne Streuverluste präzise zielen und treffen kann. Verkaufsförderung an vorderster Verkaufsfront vermittelt wirksam Anreize bei jeder einzelnen (Privat-)Person. Wenn wir mit diesen Eigenschaften operieren, dann können wir wieder auf allen Hochzeiten tanzen, statt die Marktbearbeitungsinstrumente gegeneinander abzugrenzen. Dieses personalisierte Marketing ermöglicht dann wieder neue Formen der Marktbeeinflussung. (Übrigens war bisher absichtlich nicht die Rede von «Direktmarketing», obschon es naheliegend gewesen wäre. Aber die Terminologie ist noch zu angestrengt von der Direktwerbebranche benutzt, die damit Reputiertheit für ein längst akzeptiertes Medium reklamiert.)

Ein solches aus den Singles «Verkaufsförderung» und «Direktwerbung» gebildetes Paar wird zweifellos Karriere machen. Wenn hier Verkaufsförderung als Schaffen von zusätzlichen Anreizen zum Grundnutzen definiert wird und diese Extras im individuellen Bereich des Empfängers angesiedelt sind, dann übernimmt die Direktwerbung den privaten Part, den Empfänger emotional aufzuladen.

**Förderband Extra**

Weil Produkte und Dienstleistungen einander immer mehr gleichen und häufig austauschbare Synonyme wurden, braucht es die Extras als Auslöser des Erfolgs. Die Extras sind das Förderband. Der Begriff «Extra» bezieht sich jedoch nicht nur auf Cash-Vorteile oder Naturalien. Verkaufsförderung heisst in jedem Fall «eine Aktion machen». Oder auch «Action machen». Und das ist gleichbedeutend mit «Attraktion machen». Das heisst also, «etwas losmachen». Und um dieses Ziel zu erreichen, ist ein Extra an Leistung Voraussetzung.

**Hohe Schule der Direktwerbung**

Das personalisierte Marketing operiert mit der Individualisierung von Zielgruppen. Es macht sich ein altes Geheimnis erfolgreicher Werbung zunutze, indem es Zielgruppen einengt und bis zum einzelnen Ansprechpartner segmentiert. Ganz so einfach wie im eingangs geschilderten Schokoladebeispiel geht dies in der Praxis natürlich nicht. Aber es gibt Methoden und Techniken, die Zielgruppen so einzugrenzen, dass man hautnah an kleinste Gruppen von identisch ansprechbaren Partnern herankommt.

Das Ziel sind jeweils wenige, chancenreiche Kontakte von hoher Qualität. Nicht immer mit den klassischen Zielgruppen «Konsument» oder «Verbraucher», sondern häufig mit andern Gruppen, die man leicht vergisst (oder leichtfertig ignoriert!), wie zum Beispiel den eigenen Aussendienst, allfällige Beeinflusser oder die Verteiler (und hier wieder die Segmente: Einkäufer? Filialleiter? Rayonchefs? Verkaufspersonal? Kassiererinnen? Lageristen?).

Aus welchem Holz die Macher des personalisierten Marketing geschnitzt sein müssen, um auf Erfolgskurs zu gehen?

### Nur die allerbesten Kreativen sind gut genug

Es braucht eine Kreativität, die einerseits von ausgeprägtem Einfühlungsvermögen gespiesen wird, denn es gilt, sich in die Zielpersonen einzudenken und ihre offenen oder geheimen Wünsche zu erkennen. Auch die Bereitschaft, sich auf einen Ansprechpartner einzulassen, ist gute alte Werbekunst. Andererseits gilt es, jede Menge auch verrückter Einfälle zu haben, ein Feuerwerk unkonventioneller Ideen und vorher nicht gedachter Gedanken zu entfachen. Dabei dreht es sich immer wieder um die gleiche grundsätzliche Frage: Wie komme ich an die Zielpersonen heran? Wie bringe ich sie zum Handeln?

Auch im personalisierten Marketing hängen Qualität und Erfolg vom – messbaren – Erinnerungswert ab, und womit sich das Erinnerungsvermögen stärken lässt, ist erforscht: verschiedene Studien mit ähnlichen Resultaten belegen, dass sich der Mensch nach ein paar Stunden noch an ein Viertel von dem erinnert, was er hörte (z. B. am Radio); die Hälfte dessen aber, was er hörte und gleichzeitig mit eigenen Augen sah (z. B. im Fernsehen); stolze zwei Drittel dessen, was er mit andern diskutierte (Animation); und gar neunzig Prozent der Informationen, die ihn zum Handeln anregten (Aktion). Genau: «Georges» und «Annemarie» wurden eingangs zum Handeln animiert, sie zeigten die Präsente herum und diskutierten darüber, der Erfolg ist gesichert und von langer Dauer.

Der Macher von personalisiertem Marketing muss also sein Zielpublikum zu einer Reaktion – zum Handeln – bringen, weil all seine Bemühungen sonst Monologe und Einbahnstrassen bleiben. Menschen zum Handeln zu bringen setzt ein hohes Mass an Kreativität voraus. Das kann man natürlich delegieren, aber nirgends steht geschrieben, dass wir die Kreativität allein den professionellen Kreativen überlassen sollen.

**Originelle Lösungen sind meist original**

Wenn es um das Entwickeln von neuen Ideen und originalen Lösungen geht, bedarf es – ganz einfach – der Fähigkeit, das Unmögliche zu denken, und das Verkaufsfördern mit einer Promotionsaktion bedarf eines gerüttelten Masses an Fantasie, um allein schon auf den geeigneten Aktivator zu kommen (ein Werbeartikel? und welcher? ein Gutschein? eine Prämie? eine Zugabe? ein Preisgewinn? oder irgendein anderer Anreiz?).

Nun haben die professionellen Kreativen die Kreativität nicht für sich allein gepachtet, auch wenn sie dafür bezahlt werden. Jedermann ist fähig, Kreativität zu entwickeln, original zu denken. Die Möglichkeit, auf abgedroschene Lösungen zu verzichten, die man aus der Schublade holen kann, hat jeder. Und das Talent, etwas Neues zu erfinden, schlummert in jedem Menschen. Es steht allen Willigen und Beflügelten frei, das Visier zu öffnen, frei und ungebunden, also original (wenn man will: originell) zu denken. Dennoch kommen schliesslich doch die geschulten Kreativen zum Zug, wenn es nämlich darum geht, das gefundene «Vehikel» professionell zu «verpacken».

Die Zeit für das personalisierte Marketing scheint reif, das Klima günstig, das Feld bestellt. Indessen geht die Saat noch nicht in dem Masse auf, wie man es sich beim nachgewiesenen Bedürfnis vorstellen könnte. Was hindert die Auftraggeber einstweilen noch daran, reiche Ernte zu halten?

Ganz einfach: Die meisten werbetreibenden Unternehmen ignorieren noch, dass Verkaufsförderung und Direktwerbung ebenso qualifizierter kreativer Kräfte bedarf wie in der klassischen Werbung. Hinzu kommen einige Hemmschwellen, die es erst noch abzubauen gilt. Fortschrittliche Unternehmen machen sich zwar eine Ehre daraus, nur die kreativsten Werbeagenturen für sich arbeiten zu lassen, was auch eine ansehnliche Stange kosten darf. Die gleichen Unternehmen ignorieren jedoch die Chancen, die im Aktivieren von personalisierten Kontakten liegen. Wenn es um personalisiertes Marketing geht, also um die Kombination von Verkaufsförderung und Direktwerbung wie beschrieben, beginnen sie zu sparen. Sie geben sich mit einer zweiten oder dritten Macher-Garnitur zufrieden und schonen aus falsch verstandener Rücksicht ihre klassischen Werbeagenturen, die sich ohnehin lieber von der «Arroganz der Macht» leiten lassen statt von den Interessen der Märkte.

Sie begnügen sich mit standardisierten Mailings, die in Wirklichkeit bestenfalls Streuwerbung sind. Oder sie lassen sich von technologisch neuen Möglichkeiten blenden, die rasch an Attraktivität verlieren, sobald sich alle des betreffenden Neulings bedienen.

**Übernutzung verflacht Novitäten**

Auch das ist nämlich ein Grundsatz nicht nur des personalisierten Marketing, sondern des Marketing und der Werbung generell: Jede Novität wird durch schnelles und breites Nutzen blitzschnell flach. Daher muss ja der Werbeschaffende ein Gespür dafür entwickeln, wann im Laufe eines neuen Trends der beste Zeitpunkt für das Besteigen des Zugs gekommen ist und wann man wieder auszusteigen hat (den Zug verlässt man mit Vorteil schon, bevor die letzten Plätze vergeben sind).

Um noch ein letztes Mal auf die Schokoladenstory zurückzukommen: Wenn Georges' und Annemaries sämtliche Partygäste tags darauf ins Einkaufszentrum sprinten und sich mit süssen Namen- und Nummernkombinationen eindecken, ist der Überraschungseffekt bei den dann Beschenkten bereits nicht mehr so gross: Sowas spricht sich ganz schnell herum und verliert stündlich an Reiz. Was auch meint, dass ein weiteres Geheimnis des personalisierten Marketing darin besteht, die Nase immer vorn zu haben, um allen andern stets eine Nasenlänge voraus zu sein.

**Weitere Stolpersteine für das personalisierte Marketing**

In beiden Bereichen, sowohl in der Verkaufsförderung als auch in der Direktwerbung, gibt es, wie gesagt, die bedauerliche Tendenz, die kreative Seite zu unterschätzen, Geld zu sparen und selber zu stricken. Damit wird jedoch die «Verpackungskunst» vernachlässigt, die Kunst, die kommerzielle Botschaft so appetitlich anzurichten, dass sie beim Empfänger nicht nur ankommt, sondern auch «ankommt».

Leider gibt es auch agenturseitige Hemmschwellen. In vielen Agenturen orientieren sich die professionellen Kreativen ausschliesslich an den klassischen Medien, sie denken dann vom Inserat oder vom Plakat, seltener auch vom Fernsehspot her, und adaptieren das dann auf alle andern Werbemittel im Media-Mix und auch auf die Verkaufsförderung, egal, ob der Einheitshut auch passt.

Es gibt in Agenturen noch immer viel Berührungsangst in bezug auf die Verkaufsförderung als Mittel zur Marktkommunikation und auch in Sachen Direct Mailing. Der Grund: Klassische Werbung, die von klassischen Agenturen betrieben wird, findet öffentlich statt. Das Inserat ist flächig, zweidimensional und damit greifbar. Bei der Inseratenwerbung ist es möglich, auf Wissen und Erfahrungen zurückzugreifen, es gibt noch und noch Beispiele, wie man mit einem Inserat gute Werbung macht (so wie man VW-Inserate zu schreiben lernen kann). Der Werber fühlt sich im Werbeinserat zu Hause, er geniesst hier einen Heimvorteil, den von Fall zu Fall zu verlassen ihm nicht leichtfallen würde.

Verkaufsförderung und Direktwerbung dagegen spielen sich sozusagen unter Ausschluss der Öffentlichkeit ab, da hier immer nur schmale Segmente involviert sind. Hier gibt es keine Strömungen mitzuverfolgen, an die man sich anhängen und mit denen man sich identifizieren könnte. Mit anderen Worten: Es gibt hier für den Werbeschaffenden im Gegensatz zur klassischen Werbung nicht die permanente Konfrontation mit produzierten Mitteln, aus der man Erfahrungen sammeln kann und aus der sich Lernprozesse entwickeln könnten. Die direkte, personenorientierte Werbung ist für die Branchenkollegen kaum einsehbar – die Macher des personalisierten Marketing bleiben unter sich.

Denen ihrerseits ist es nicht möglich, auf Routine und vorgestanzte Lösungen zurückzugreifen, auch wenn es noch so gute Beispiele gibt. Denn in diesem Bereich gilt es immer wieder, original zu arbeiten, ganz von vorn anzufangen, und die Hürden differenzierter Zielsetzungen zu nehmen. Verkaufsförderung und Direktwerbung ist Schwerarbeit, doch wer sich in dieses Abenteuer wagt, wird erfreut feststellen, dass er seine Kreativität hier voll entfalten kann.

Dann gibt es noch einen weiteren Punkt, der Berührungsängste erzeugt. Bei der klassischen Werbung kann zwar nachgerechnet werden, wie viele Millimeter Inseratenraum und wie viele Sekunden Sendezeit eingekauft wurden, doch was der entsprechende Aufwand eingebracht hat, ist nicht nachrechenbar. Wer dagegen personalisiertes Marketing gestaltet, sitzt unter Erfolgszwang und im Glashaus: Wie gross der erzielte Erfolg war, lässt sich hier eruieren. Im Klartext: Bei der klassischen Werbung ist ein Misserfolg schwer beweisbar. Bei Verkaufsförderung und Direktwerbung hingegen ist auf die Kommastelle genau überprüfbar, wieviel die Investition pro Kontakt im Endeffekt eingebracht hat, ob der erzielte Rücklauf vertretbar war und wieviel Umsatz sie unter dem Strich gemacht haben. Vor dieser Stunde der Wahrheit haben nicht wenige Werber Angst.

Ein weiterer Hemmschuh ist die Begriffsverwirrung: Personalisiertes Marketing und Direktwerbung, wie sie die Adressenhändler und Anbieter unadressierter Drucksachendirektwerbung sehen und betreiben, sind zwei verschiedene Welten. Unternehmen dieser sehr starken Dienstleistungsbranche wollen Adressen, Drucksachen und Handling verkaufen – das heisst, sie propagieren naturgemäss das Massenmailing, das Streuen und nicht, wie sie vorgeben, das Zielen. Da gilt es dann, zu differenzieren und ein klares Ziel zu haben.

Das erklärt, warum wir besser von personalisiertem Marketing sprechen sollten als von Direktmarketing. Vielleicht braucht es dazu etwas mehr Risikofreudigkeit als für die Kreation konventioneller Werbemittel, aber vergessen wir nicht die Sehnsucht der 43 Experten der Delphi-Studie über die Werbung im Markt von morgen. Diese Sehnsucht ist ein Fingerzeig für die Richtung, in die der nächste Zug abfährt.

- *Informationsüberflutung verlangt unkonventionelle Formen der Marktbearbeitung*
- *Die Verkaufsförderung sollte sich mit der Direktwerbung vermählen*
- *Der Mensch will auch als Konsument individuell ernst genommen werden*
- *Verkaufsförderung personalisiert Kontakte mit temporären Zusatzanreizen zum Grundnutzen eines Produkts oder einer Dienstleistung*
- *Verkaufsförderung, das ist zumeist eine Verkaufsaktion mit Attraktion*
- *Für Konzept und Gestaltung soll man die besten Kreativen beiziehen und nicht in letzter Minute selber stricken*

- *Freies Denken ist das Fundament originalen Denkens, sprich: jeder Problemlösung*
- *Jede Novität verflacht umgehend durch breite Nutzung*
- *Anders als klassische Werber sitzen Verkaufsförderer und Direktwerber im Glashaus*

*Der Volksmund behauptet, Zeit sei Geld. Das ist eine geradezu sträfliche Untertreibung: Genutzte oder ungenutzte Zeit ist mitbestimmend für Erfolge und Misserfolge.*

## Erfolgreiche Werber sind erfolgreiche Verkäufer

Ein Bild sagt mehr als tausend Worte: Dieses Kapitel basiert auf einem einprägsamen Bild, in das man alles hier Gesagte hineinprojizieren kann. Das Beispiel kommt aus der Welt der Technik, die uns allen nahesteht – es ist das Bild eines Wasserkraftwerks mit Stausee, Staudamm, Fallrohren, Turbinenhaus. Es eignet sich als Sinnbild, indem es funktionell – vom Input bis zum Output – mit dem Betriebsablauf jedes beliebigen Unternehmens vergleichbar ist.

Das im Stausee gefasste Wasser entspricht der Kapazität und dem Kapital der Firma: Gespeicherte Kraft steht zur Verfügung, die es nur zu nutzen gilt.

Die zu den Turbinen führenden Verbindungsrohre respektive die Druckrohre haben die gleiche Funktion wie der Werbe- und Verkaufsleiter: Während die Rohre dem Wassertransport zu den Turbinen dienen, besorgen die Verkaufsverantwortlichen den Know-how-Transfer zur externen Werbeagentur – stellen die Verbindung her zwischen dem Leistungsvermögen des Unternehmens und jener Instanz, die gewinnbringende Massnahmen ausarbeiten soll.

Mit anderen Worten: Das gestaute Wasser entspricht dem, was das Unternehmen besitzt und produziert. Die Rohre zu den Turbinen entsprechen der Vermittlerrolle des Verkaufsleiters wie derjenigen des Werbeleiters im Kontakt mit der Agentur. Damit ist auch klar, dass die Werbeagentur in diesem Bild den Turbinen entspricht. Die Turbinen erzeugen Strom, während die Agenturen (oder die firmeneigene Werbeabteilung!) mit ihren Ideen die Energie herstellen, welche die Produktion in Umlauf bringt. Im übrigen verfügt die leistungsfähige Werbeabteilung oder Werbeagentur über zahlreiche Turbinen: Eine davon steht im grafischen Atelier, eine andere im Büro der Werbetexter – weitere gibt es in den Abteilungen Media, Beratung und so fort.

**Die Aufgabe lautet, Leistung in Erfolg umzuwandeln**

Das Wasserkraftwerk, das ein ungeheures Kräftereservoir – ein riesiges Potential an zunächst brachliegender Kraft – in nutzbare Kraft wandelt. Ist es nicht stimulierend, selbst Bestandteil dieses faszinierenden Bildes zu sein? Ist es nicht aufregend und anregend, die eigene Position in diesem System klar und bildhaft definiert zu sehen? Zu wissen, wie wichtig und unerlässlich die eigene Rolle für den gesamten Funktionsablauf ist? Im Grunde ist das Ganze verblüffend einfach. Ein Kraftwerk muss in Betrieb sein – alles muss rund laufen – , sonst nützt die gesamte teure Anlage nichts. In einem stillgelegten Kraftwerk wird die Wasserkraft nicht genutzt. In einem mangelhaften, technisch nicht einwandfreien oder schlecht geführten Werk wird die Kapazität nur partiell ausgeschöpft.

**Grossunternehmen sind oft Individualitäten-Killer**

Wasser in Strom – Leistung in Erfolg umwandeln, das ist Aufgabe und gleichzeitig Ziel für die Verantwortlichen in Verkauf und Werbung. Beim Speicherkraftwerk wie beispielsweise dem Grimselwerk wird das nasse Element schon bei der Wasserfassung vom Sand befreit: Sand im Getriebe ist auch im Elektrizitätswerk unerwünscht. Im Werksystem sind Sicherheitsvorkehrungen eingebaut. Daraus lässt sich ableiten, dass es auch in Firmensystemen keine Rohrverstopfer und Turbinenzerstörer geben darf. Auch in den Unternehmen muss es Vorrichtungen geben, die vor Sand im Getriebe schützen – ferner einen Rechen, der die Rohrverstopfung verhindert. Und eine Einrichtung, die Über- oder Unterdruck vorbeugt. Nehmen wir nun die wichtigsten Störfaktoren sowie die Förderfaktoren der betrieblichen Praxis unter die Lupe.

**Störfaktoren sind Rohrverstopfer**

Rohrverstopfer Nummer eins tönt durchaus beunruhigend: Grossunternehmen sind oft Individualitäten-Killer. Dieser «Rohrverstopfer» ist hier vor allen anderen thematisiert, weil er oft unerkannt bleibt und daher um so heimtückischer ist. Genau das Gegenteil wird nämlich in sorgfältig formulierten Firmenphilosophien unter dem Stichwort «Firmenpersönlichkeit» behauptet.

Zugegeben: Firmenpersönlichkeit anzustreben ist grundsätzlich positiv. Sie fördert die Identifikation des einzelnen mit der Arbeitgeberin und ist damit dem Gesamten förderlich. Jedoch: zu ausgeprägte Firmenpersönlichkeit ist ungesund: Firmenpersönlichkeit muss in zweckdienlichen Schranken bleiben.

Man darf sich nicht verschlingen lassen, wenn sich Firmenpersönlichkeit zum Kannibalen entwickelt! Dieser freundlich daherkommende Menschenfresser darf sich nicht an den persönlichen Qualitäten der Mitarbeiter vergreifen. Es gilt hier, tapfer und hartnäckig Widerstand zu leisten, sich eine gewisse Unabhängigkeit zu verschaffen. Nur Unabhängige sind und handeln original. Wobei «original» bitte nicht mit «originell» zu verwechseln ist. «Originell» ist nur die nette, niedliche Schwester der erstrebenswerten Eigenschaft «original». Nur wenn wir den Freiraum der Unabhängigkeit geniessen, haben wir die Voraussetzung, original zu denken, in unserem Schaffen immer wieder neu, nicht ausschliesslich auf Schubladenwissen angewiesen zu sein.

**Nur wer unabhängig ist, hat die Möglichkeit, original zu sein**

Werbeleiter und Verkaufsleiter haben es in einem Grossunternehmen gleich schwer, original zu sein und original zu bleiben, geschweige denn, original zu werden. Das kommt nicht von ungefähr: Schliesslich sitzen sie mit allen möglichen Ruderern und Steuermännern, deren Kommando sie zu befolgen haben, im gleichen Boot. Ganz anders die externen Werber: Sie befinden sich ausserhalb des Sogs der Firmenpersönlichkeit. Deshalb sind sie als Ideenfabrikanten oft auch chancenreicher. Weil sie unabhängig sind, können Werbeagenturen oft kreativer sein (ein Faktum, das firmeninterne Werbeprofis manchmal schmerzlich zur Kenntnis nehmen).

«Original sein – nicht in Routine erstarren – ist in Werbung und Verkauf zentrales Erfolgsgeheimnis.» Diese These sollten die Macher in den Unternehmen gross geschrieben über ihrem Arbeitstisch aufhängen. Deshalb ist sinnlos, wenn Interne den Externen den Kreationsvorteil der Originalität missgönnen und sich zu diesen querlegen. Gescheiter ist, die Agentur als Schutzmauer vor den Moloch «Firmenpersönlichkeit» zu stellen. Wenn die Agentur über reife, engagierte und erfahrene Professionelle verfügt, können diese Leute dem Werbeleiter-Verkaufsleiterteam im Bestreben nach Unabhängigkeit Rückendeckung geben und oft auch Schützenhilfe leisten.

**Rohrverstopfer Nummer zwei**

Nachdem bereits ein roter Faden zur Agentur hin gesponnen wurde, knüpfen wir nun einen weiteren, zwischen Stausee und Turbinen ärgerlichen Rohrverstopfer an: Vielseitigkeit gilt zahlreichen Geschäftsleitungen als suspekt. Branchenerfahrung wird oft zum ausschlaggebenden Entscheidungskriterium bei Neuanstellungen. Als ob ein interner Mitarbeiter oder ein externer Agenturspezialist heute nicht elektronische Schreibsysteme, Personalcomputer und Software propagieren und verkaufen könnte, wenn er gestern erfolgreich Federhalter, Kugelschreiber oder mechanische Schreibmaschinen an den Mann brachte. Immer wieder erleben Berater, dass potentielle Kunden die Zusammenarbeit von spezifischen Erfahrungen in ihrem Fachgebiet abhängig machen wollen. Und immer wieder blitzen brillante Werber und Verkäufer als Kandidaten offener Stellen ab, weil sie im Zeitpunkt der Bewerbung noch keinen «branchenspezifischen» Background vorzeigen können.

**Original sein – nicht in Routine erstarren – ist für Werbung und Verkauf gleichermassen zentrales Erfolgsgeheimnis**

Für lernwillige Newcomer ist es keine Kunst, festgefahrene Branchenheinis innert kurzer Zeit zu überflügeln. Dies vor allem, wenn der Neue dank einer beruflich facettenreichen Vergangenheit ungewöhnlich vielseitig und beweglich geworden ist.

**Rohrverstopfer Nummer drei**

Vor kurzem sind wir ihm begegnet: Sein Name ist «Eifersucht». Eifersucht gehört zur destruktiven, unnütz Kräfte zehrenden Garde der Gruppe Ärger, Angst, Neid, Groll und Selbstmitleid. Wie falsch

Eifersucht der oft kreativer arbeitenden Agentur gegenüber ist, haben wir bereits festgestellt. Knöpfen wir uns nun noch die Eifersucht des Verkaufsleiters auf den Werbeleiter und umgekehrt die des Werbeleiters auf den Verkaufsleiter vor.

Natürlich hat der Verkaufsleiter, grob gesehen, guten Grund, auf den Werbeleiter eifersüchtig zu sein. Dieser Künstlernatur wird gestattet, als exotischer Paradiesvogel durch die betrieblichen Gefilde zu flattern, sich Mozartzopf oder Seemannsbart oder beides zusammen wachsen zu lassen, seine Flossen auf seinen natürlich chaotischen Arbeitstisch zu deponieren, nach Belieben sogenannte Kreativpausen einzuschalten, die heiligen Hallen nach Herzenslust zu betreten oder zu verlassen – während sich der krawattengepanzerte Verkaufsleiter beim Portier an- und abmelden, wenn nicht gar die Stempeluhr betätigen muss.

Natürlich hat auch der interne Werbeleiter gute Gründe, auf den Verkaufsleiter eifersüchtig zu sein. Dieser hat die höhere Spesenpauschale. Er hat in erster Linie das Sagen. Er ist der grosse Stratege. Er macht die Zielvorgaben. Er hat den heissen Draht zur Direktion. Während der Herr Werbeleiter – obwohl im Organigramm der Abteilung Marketing gleichrangig eingezeichnet – oft genug nur zweite Geige spielen darf.

Beneidenswert, die beiden. Jeder geniesst Vorteile, die der andere nicht hat. Per Saldo hält sich jedoch die Summe der Vor- und Nachteile die Waage.

**Vierter Rohrverstopfer**

Die Beziehung Verkaufsleiter-Werbeleiter krankt an einem vorprogrammierten Zielkonflikt. Werbung operiert grossräumig von hinten nach vorn. Der Werbeleiter ist ein erklärter Freund langfristiger Strategien. Er richtet seinen Blick auf ein Fernziel und toleriert Einzelaktionen nur, wenn er sie seinem Endziel unterordnen kann. Verkauf dagegen ist eine Strategie von Mann zu Mann. Den Verkaufsleiter dagegen interessieren kurzfristig, schnell und gezielt erreichbare Umsatzsteigerungen: eine Konstellation, die von ihrer Natur her zu Konflikten führen muss. (Wer soll denn über die hektischen Jahre die Marke hochhalten, die der Mehrumsatzkämpfer an der Verkaufsfront verheizt?)

**In einem verdorbenen Klima kommt keine Macherlaune auf
Rohrverstopfer Nummer fünf**

Ein schlechtes Firmenklima. In diesem Punkt kann man sich kurz fassen: Ein ungünstiges Klima wirkt sich auf jede Teamarbeit negativ aus. In einem verdorbenen Klima kommt keine Macherlaune auf. Ist das Klima gar vergiftet, erstickt die Kreativität schon im Keim. Indes kann sich ein Klima ändern. Wichtig ist, dass nötige Veränderungen nicht nur oben in der Direktionsetage in die Wege geleitet werden, sondern auch unten, vom «Fussvolk» ausgehend. Wesentlich bessere Chancen haben Klimaveränderer, wenn sie zusammenspannen. Der Werbeleiter und der Verkaufsleiter tun gut daran, auch als Firmenwetter-Beeinflusser ein Team zu bilden.

**Und jetzt zum Kernpunkt: zu den Killern der Kreativität**

Auf Rohrverstopfer dieser Art sollte man bitte ganz besonders achten. Dass sich der Begriff «Kreativität» wie ein roter Faden durch dieses Thema zieht, ergibt sich wie von selbst – denn Kreativität hat einen hohen Stellenwert im Beruf der Verkaufsleute, in deren wechselwirkenden Beziehungen, in ihrer Zusammenarbeit mit den externen Dienstleistern und Kampfgenossen (um Himmels willen nicht «Lieferanten»!) von der Beratungsagentur. Kreativität muss im beruflichen Alltag zahlreiche Widerstände besiegen, wenn sie sich optimal entfalten soll.

Längst ist individuelle Kreativität in den Direktionsetagen fortschrittlicher Unternehmen kein Fremdwort mehr. Nur, in der Praxis ist Kreativität oft nicht mehr als ein schillerndes Wort, mit dem man ganz gern kokettiert, das indes nicht ernst genommen werden muss.

Kreativität muss im beruflichen Alltag zahlreiche Widerstände besiegen, wenn sie sich optimal entfalten soll. Am besten kommt man gegen sie an, indem man die kreativitätshemmenden Faktoren auflistet. Diese Liste dürfte individuell für jeden anders ausfallen, egal, ob in den Unternehmen oder bei den Auftragnehmern in den Agenturen.

**Hier eine – längst fällige – Liste mit den häufigsten Kreativitätskillern:**

*1. Die Meinung, nur Künstler seien kreativ*
Kreativität ist keine von Kunstschaffenden gepachtete Gabe. Im Gegenteil: Jeder Mensch ist – wenn auch mehr oder weniger – kreativ (meint: original), und diese Kreativität kann wie ein Muskel trainiert werden.

*2. Die Ansicht, Fantasie sei dem rationalen Denken abträglich*
Auch das ist falsch. Fantasie ist die Wiege der Kreativität und glücklich, wer die Kreativität seiner Kindheit ins Erwachsenenleben hinübergerettet hat. Fantasie kann unerhört nützlich sein: Vor allem, wenn es ums Lösen vermeintlich unlösbarer Probleme geht.

*3. Die Furcht, sich lächerlich zu machen*
In der Tat eine lächerliche Furcht, wenn man realisiert, wie oft sie sich uns schon in entscheidenden Augenblicken vor den Erfolg gestellt hat. Halten wir uns an eine Regel, die wir in jedem Brainstorming befolgen: Drücken wir ungeniert spontan aus, was immer uns einfällt. Vielleicht produzieren wir dabei mitunter Ausschuss, doch ist es hundertmal besser, Ideen ihren freien Lauf zu lassen, als sie zu fesseln.

*4. Die Furcht vor Tadel von Vorgesetzten*
Diese Furcht hat bestimmt schon riesige Gewinne verhindert, indem Ideen unausgesprochen blieben oder Kreativität unterdrückt wurde, nur weil Untergebene Angst davor hatten, sich lächerlich zu machen, keine Schelte von Vorgesetzten zu riskieren. Dabei müssten Befürchtungen dieser Art nicht sein, herrschte in jedem Unternehmen ein unverkrampfteres Klima und könnten sich alle Vorgesetzten dank echter Persönlichkeit und natürlicher Autorität einen lockeren Führungsstil leisten. Andererseits ist Furcht vor Tadel – wenn es nur darum geht, etwas vorzuschlagen – eine kindliche Reaktion. Das beste Mittel, dagegen anzukämpfen, besteht darin, endlich erwachsen und selbstsicher zu werden.

Der erste Schritt auf dem Weg dazu ist die Einsicht, dass auf dieser Welt jeder in seiner Position immer wieder einmal Lehrling ist – selbst der Herr Generaldirektor und Verwaltungsratspräsident.

*5. Ein extra starker Kreativitätskiller, die Neigung zur Routine*
Wenn wir ehrlich sein wollen, wissen wir es alle: Der Mensch ist von Natur aus bequem. Routine kommt der Bequemlichkeit – wenn nicht gar der Faulheit entgegen, weshalb sie uns willkommen ist. Nun ist Routine natürlich eine Medaille mit zwei Seiten: Routine hat ihre gute Seite, wo sie uns hilft, die täglichen Pflichten effizient zu erledigen. Routine ist aber immer dann schlecht, wenn sie die Sicht auf neue Wege, neue Lösungen, neue Möglichkeiten verbaut, wenn sie kreative Gedanken schon im Keim erstickt.

*6. Die Anpassung an die betriebliche Organisation*
Auch Anpassungsfähigkeit ist ein zweischneidiges Schwert. Ein Stück weit ist Anpassung unumgänglich, indes nimmt total gewordene Anpassung die Sicht. Wer möchte, dass sich ihm neue Horizonte öffnen, muss hin und wieder «über den Hag fressen» gehen. Es soll erlaubt sein, von Zeit zu Zeit im stillen Kämmerlein die Organisation des Arbeitgeberbetriebes zu hinterfragen, kleinere oder grössere Entdeckungsreisen zu unternehmen, zu neuen Ufern aufzubrechen.

Treten der Werbeleiter und der Verkaufsleiter als Verbündete gegen Widerständische auf, vermehren sich ihre Chancen, neue Ideen durchzubringen.

*7. Der Widerstand gegen neue Ideen*
Wo ist der Betrieb, der frei von Konformismus und Konformisten ist. Konformismus hat Bremswirkung, wenn er sich neuen Einfällen entgegenstellt. Entsprechend ist es ein Gebot des Fortschritts, Konformismus zu entlarven, wenn er zum Hindernis wird. Vorgesetzte und Mitarbeiter, die Widerstand gegen neue, wirklich gute Ideen leisten, sind davon mit Diplomatie und Psychologie abzubringen. Nützt die sanfte Tour nichts, ist drastischeres Verhalten am Platz: ein unmissverständliches Wort, ein Machtwort, Hartnäckigkeit, ein Ultimatum. Treten Werbeleiter und Verkaufsleiter als Verbündete gegen Widerständische auf, vermehren

sich ihre Chancen, neue Ideen durchzubringen, im Quadrat. Nehmen sie als Dritten im Bund noch den Kontaktmann aus der Agentur in ihre «Interessengemeinschaft» auf, haben sie gewonnenes Spiel.

*8. Mangel an echter Hingabe an eine Sache*
Kreative Menschen sind begeisterungsfähige Menschen. Ohne Begeisterungsfähigkeit keine Kreativität. Wer sich für eine bestimmte Sache nicht engagieren kann, findet das Ei des Kolumbus nie. Nun lohnt sich ein volles Engagement natürlich nicht in jedem Fall. Doch dort, wo es sich lohnt, sind Hingabe, Begeisterung, Engagement oder noch besser Faszination starke Motoren der Kreativität.

*9. Fehlende Bereitschaft zu zweifeln und zu fragen*
Wann immer wir zu neuen Resultaten kommen müssen, gilt es, alle Aspekte zu hinterfragen. Von Zeit zu Zeit muss auch das Bestehende auf seine aktuelle Gültigkeit hin durchleuchtet, angezweifelt werden.

*10. Mangelnde Fähigkeit, zwischen Ursache und Wirkung zu unterscheiden*
Hier haben wir einen Kreativitätskiller, der oft nicht ohne weiteres zu beseitigen ist. Verkauft sich ein bestimmtes Produkt schlecht, weil zu wenig in dessen Forschung investiert worden ist, oder wurde zu wenig in die weiterführende Forschung investiert, weil das Produkt schlecht geht?

*11. Zu starke Problemeinengung*
Probleme sind Symptome – Symptombehandlung wirkt nur momentan. Darum gilt es, den Problemen auf den Grund zu gehen, die Wurzeln der Probleme ausfindig zu machen. Denn nur Wurzelbehandlungen haben Aussicht auf Erfolg.

*12. Weitere Hemmschuhe der Kreativität*
Vorschnelle Urteile (impulsive Leute haben einen Hang dazu); das Versäumnis scheinbar gesicherte Erkenntnisse zu überprüfen (was gestern richtig war, kann heute falsch sein); die Angst, eigene gute Ideen könnten gestohlen werden (Ideenklau ist schwieriger und daher seltener, als man glaubt).

- *Rohrverstopfer und Killerphrasen sind Entwicklungsbremsen*
- *Grossunternehmen sind häufig Kreativitätskiller*
- *Starke Firmenpersönlichkeiten mutieren gern zu Rohrverstopfern*
- *Eifersucht wirkt auf Kreativität destruktiv*
- *Der Werbeleiter kann Langzeitoptik pflegen (die Markenpflege), der Verkaufsleiter lässt sich von kurzfristigen Resultaten leiten (die Mehrumsatzziele)*
- *In verdorbenen Teams kommt keine Macherlaune auf*
- *Zusammengespannt haben Klimaveränderer gute Chancen*
- *Jeder Kreative muss lernen, frustrationsfrei gegen Widerstände anzukämpfen*
- *Fantasie beflügelt Unternehmen*
- *Die Furcht, sich lächerlich zu machen, ist lächerlich*
- *Routine verdeckt oft die Sicht auf neue Möglichkeiten,*
- *Auch das Gesicherte muss hin und wieder hinterfragt werden*

*Noch immer gibt es kleine und mittelgrosse Unternehmungen, die in der Produktion von technischen Gütern durchaus Respektables leisten, aber mehr auf Pioniertugenden wie Entwicklungs- und Fertigungsqualität, finanzielle Unabhängigkeit und eigene Kraft bauen als auf den Markt und dabei ignorieren:*

## Der Käufermarkt ist längst zum Verkäufermarkt mutiert

Entsprechend sind im Business-to-Business Handeln und Optik dann häufig und heftig nach innen gerichtet. Die Fähigkeit, die eigene Tätigkeit vom Markt her zu reflektieren und sich am Markt zu orientieren, verkümmert. Was Wunder dann, wenn Marketing, falls überhaupt, im Nebenamt betrieben wird. (Da gibt es diesen Beraterkollegen, der mit gutem Erfolg zuerst einmal die Lektüre eines Marketing-Lehrbuchs empfohlen hat, bevor er mit dem notleidenden Uhrenindustriekapitän weitere Gespräche über die gewünschte Reklame führte.)

### Die Nabelschau dominiert

Daraus folgt erstens die Erkenntnis, dass viele Hersteller kleiner und mittlerer Grösse ihre technischen Güter schon deshalb besser verkaufen würden, wenn sie sich um den Markt so angestrengt kümmerten wie um die Fertigung. Natürlich ist diese ein Heimspiel, in das man sich scheinbar sicher vergraben kann, verständlicherweise. Aber Ignoranz oder – seltener – Arroganz sind viel zu gefährlich, um nicht dringend von ihnen abzuraten:

Gemäss einer Untersuchung des BDI waren zum Beispiel von 16 vorgegebenen Kompressoren-Herstellern nur 3,8 bekannt, 3,5 von 17 Apparatebauern, von 19 Schrauben-Herstellern niederschmetternde 2,7.

## Gefragt: Professionalität

Daraus folgt zweitens, dass allein schon Label-Werbung überhaupt zu machen und für Bekanntheit (sprich auch: Vertrauen) zu sorgen unerhört stimulierend für den Verkauf sein kann.

Geschweige denn, sie professionell zu machen; professionell in Strategie, Konzept, Massnahmen, Kreation. Und professionell vor allem in einer sorgfältigen Definition der anzusprechenden Kommunikationszielgruppe. (Selberstricken genügt nicht und spart nur scheinbar Geld in einer Zeit, in der nur noch mit Einsparungen verdient werden kann und deshalb «besser die Sekretärin des Firmenchefs oder dessen Personalchef die Werbung macht» statt die Fachleute etwa aus einer Agentur.)

Die Kommunikationszielgruppe ist ja, oft vergessen, identisch mit der Käuferzielgruppe. (Aber: fragt man einen Produzenten nach seinen Käufern, kommt er oft in arge Verlegenheit.) Tatsache ist, die Käuferzielgruppe besteht aus Einzelsegmenten, es gibt also nicht die einzige – amorphe – Zielgruppe, sondern immer mehrere – präzis definierte – davon. Da wird es plötzlich spannend:

Nirgends in der Konsumgüterwerbung und selten in der Werbung für Dienstleistungen gibt es so fein verästelte und gleichzeitig so kontaktschmale Ansprechsegmente wie im Business-to-business-Bereich, besonders für technische Güter und Investgüter.

Jedes der Ansprechsegmente braucht seine eigene «Kampagne», sprich, eine spezifische Zieldefinition, massgeschneiderte Argumente, abgestimmte «Verpackung» der Botschaft (visuell und verbal), präzis zielende «Vehikel» zu ihrem Transport (medial). Hauptsächlich entscheidende Führungskräfte etwa sind nicht identisch mit mitentscheidenden Gruppen, die den Kaufentscheid durch ihre Vorbereitung beeinflussen.

Daraus folgt drittens, dass die beste Verkaufsförderung für einmal professionelle Kommunikation mit den Entscheidungsträgern im Markt ist.

Dazu gehört die zeitliche Planung, die zum Erfolg im Markt ganz ursächlich beiträgt: Die Zeitschiene für den industriellen Kaufprozess verläuft, beginnend mit einer allgemeinen Initial- und Identifikationsphase, über eine vertiefende Orientierungs- und Evaluationsphase bis zur Abschlussphase und die Wahl des Zulieferers über einen massiv längeren Zeitraum, als etwa bei Konsumgütern üblich:

Von 100 % Befragten einer Industriegüter-Studie des «Spiegel» benötigten von den ersten grundsätzlichen Erwägungen bis zur Kaufentscheidung nur 27 % der Entscheidungsträger weniger als zwei Monate. 22 % benötigten bis zu zwölf Monaten, 14 % bis zu 24 Monaten, 7 % gar bis zu drei Jahren.

Daraus folgt viertens, dass dem verkaufsfördernden Kaufentscheid ein komplexer Entscheidungsprozess über einen langen Zeitraum zugrunde liegt.

**Abgestimmter Massnahmen-Mix**

Da überrascht es nicht, wenn über diese Zeiträume die verschiedensten Kommunikationsmittel einwirken und dass dieser Massnahmen-Mix abgestimmt und konzertiert zum Einsatz kommen soll, weil durch Vernetzung aller Massnahmen mehr aus dem Werbefranken, der Werbemark herauszuholen ist:

Keineswegs genügen infrastrukturelle Selbstverständlichkeiten wie die Existenz eines Corporate Designs und von einigermassen profilierenden Geschäftsdrucksachen, von Zeigebüchern zweifelhafter Güte, Referenzlisten, Prospekten (immerhin: mit letzteren informieren sich 58 % des Managements im vorbereitenden und entscheidenden Stadium des Kaufentscheids).

Unerlässlich sind sachliche Massnahmen wie die Teilnahme an Fachmessen, Ausstellungen und Symposien. Unumgänglich sind Produkte- und Leistungsbemusterungen: Entweder kommt das Produkt zum Kunden (medial auf Video oder mit 3-D-Betrachtern), oder der Kunde kommt zur Livedemo ins Herstellerwerk (notfalls per Helikopter eingeflogen). Selbstverständlich sind zudem Insertionen in fachlichen und meinungsbildenden Zeitungen und Zeitschriften (39 % nutzen sie regelmässig, und zwar Fachbeiträge und Inserateteil gleichermassen), sowie Direktwerbung (gute Mailings mit personalisierten Adressen bester Qualität haben bis 60 % Aktivierungs-, sprich Rücklaufchancen).

Besonders nützlich, wenn auch besonders in den kleinen und mittelgrossen Unternehmen («KMU») oft vergessen, ist professionell betriebene PPR, sprich journalistische Produkte-Publizität mit redaktionellen Berichten, Fachartikeln, Publikationen sowie Vorträgen und Ausstellungen etwa an Fachkongressen, Hoch- und Fachschulen.

Oft unterschätzt und meist unkontrolliert sind schliesslich die persönlichen Massnahmen durch Vertreter und Ingenieure an der Verkaufsfront (die immerhin von 60 % der Entscheidungsträger als Meinungsbildner genutzt werden) sowie der verkaufsverantwortlichen Mitarbeiter an den Büroschreibtischen des Innendienstes, die ihrerseits laufender Motivation und Schulung bedürfen, gerade deshalb, weil sie «unter Ausschluss der Öffentlichkeit» ihre Arbeit machen.

Daraus folgt fünftens, dass den Verkauf nur fördert, wer die Teilaspekte Zeit und Massnahmen ganzheitlich vernetzt zum Einsatz bringt.

### Verkaufsförderung ist eine Haltung

Im übrigen ist Verkaufsförderung im Marketing nicht nur eine Sache der Verkaufstechnik, sondern auch Einstellungssache, Haltung, Verhalten und Selbstverständnis als Verkäufer. Der lockte schon immer weniger mit der Ware selber als mit dem Nutzen, den man davon hat, sowie – echten oder scheinbaren – USPs gegenüber den Mitbewerbern.

Deshalb soll hier den Kaufentscheid auslösenden «Extras» (Cashes oder – stimulierender für die Fantasie auch von Fachleuten – Naturalien) wieder einmal das Wort geredet werden. Denn zur Vertiefung der Beziehungen und Verlagerung der Kontakte auf eine – klimatisch günstigere – persönlichere Ebene sind sie so unerreicht wie zur Intensivierung der Kontakte und Attraktivierung der Botschaften:

- Ein Fach-Wettbewerb, bei dem ein attraktiver Gewinn winkt (ein Matterhornflug?)
- Ein Coupon, bei dem nach dem Einschicken ein attraktives Mailing folgt (mit dem Schlüssel für die Schatztruhe am Messestand?)
- Eine Prämie, die den Starverkäufer auszeichnet (ein Golf-Training vom Chef persönlich?)
- Ein Barvorteil, der den Schlussentscheid beflügelt (als Gutnachbarschafts-Rabatt tituliert?)

- Ein attraktiver Special Guest (es muss ja nicht immer einer dieser unsäglichen Skinationalmannschafts-Emmentaler sein, wie wär's mit Miss Schweiz?)
- Oder an der alles entscheidenden Konferenz ganz einfach nur besseren Kaffee als den aus dem Automaten (vielleicht gar in einer stilsicheren Porzellantasse?)

Daraus folgt letztens, dass Verkaufsförderung auch mit dem Eingehen und Sich-Einlassen auf Personen zu tun hat. So wie ihre Zwillingsschwester, die Werbung.

- *Man muss sich um den Markt so aufmerksam kümmern wie um die Fertigung*
- *Oft besorgt allein Bekanntheit die Förderung des Mehrverkaufs*
- *Im Bereich technischer Güter kommt Selberstricken meist teurer zu stehen*
- *Es gibt keine Zielgruppe, nur Zielsegmente und jedes braucht seine eigene Teilkampagne*
- *Verkaufstechnik taugt nichts ohne die innere Haltung*
- *Verkaufsfördernde Extras beflügeln – kundenzentriert – nicht nur den Umsatz von Konsum- und Massengütern*

Teil vier

# Wie geht's zu machen

# A, *die Extras*

# Bemusterungen

- Insbesondere bei Neuheiten und Einführungen im Food- und Kosmetikbereich – auch bei Relaunches – kommt kein Anbieter darum herum, konkret auch zu beweisen, was er in seiner Einführungswerbung von seinem Produkt behauptet.
- Idealerweise soll das Muster im Aussehen dem Original nah verwandt und von allen Produktinformationen begleitet sein.
- Die Aktionierung mit Bemusterung ist vorteilhafter von anderen Extras begleitet – etwa von Gutscheinen, Bons (s. dort) –, um die Beschleunigung von Erst- und Anschlusskäufen zu initiieren: Es geht nicht ohne Nachfass am Verkaufspunkt.
- Das Warenmuster soll vom Detaillisten nicht verkauft werden können, also als Muster deklariert sein.
- Unlauter ist, wenn es mit Rechnung unverlangt zur Ansicht kommt.
- Ein Neuprodukt muss auf allen Kontaktebenen bemustert werden. Bevor nicht Aussendienst (Vertretertagung etwa) und Handel (Vertreterbesuche zum Beispiel) bemustert sind, ist es sinnlos, potentielle Käufer zu bemustern.
- Die Verteilung kann gestreut oder gezielt erfolgen. Als Verteilwege und Verteiler kommen meist in Frage:
    - Originalpackungen (Beipack/Beilage/Anhänger/Coupon usw.)
    - Post (meist gezielt adressiert; falls unadressiert gestreut, anderweitig eingegrenzt, z. B. über Postfächer)
    - Verteilerorganisation (z. B. Streuung in Briefkästen der Haushalte)
    - Vertreter (persönliche Abgabe)
    - Printmedien (Beileger, Beihefter in Tageszeitungen und Zeitschriften)
    - Hostessen (persönliche Abgabe, z. B. bei Hausbesuchen Neuverheirateter)
    - Degustationen, Demonstrationen, Anlässe (persönliche Abgabe mit Verkaufsgespräch anlässlich von Messen und Ausstellungen)
    - Coupon, Gutschein, Bon (auf Anforderung des Kunden)
- Kosten entstehen durch die Musterbeschaffung selber (häufig teurer als Original), Konfektion sowie die Verteilung (allfällige Adressen, Porti usw.).

## Coupons

- Populärste Coupon-Form ist der Anforderungs-Coupon in Inseraten und Prospekten, der zur weiteren Verkaufsvorbereitung dient (Mailing, Telefon, Besuch).
- Zentrale Bedeutung hat der Coupon als Bestellformular für die Direktversender ab Katalog (ohne Verkaufsstellen) zum Verkauf per Post.
- Häufig Begleitmedium eines Aktionsmassnahmenmix.
- Hervorragend geeignet zum Einholen von Marktinformationen sowie für den Auf- und Ausbau hauseigener Adresskarteien (die Verkaufsingenieure im Business-to-Business etwa erhalten so ihr «Kontaktfutter» für die erweiterte Verkaufsarbeit).
- Der Rücklauf liegt meist unter einem Prozent (der gestreuten Auflage), nur sehr selten darüber. Die Qualität der Retouren ist wichtiger als die Quantität (auch wenn viele Firmen den Erfolg ihrer Werber und Werbung am rein zahlenmässigen Coupon-Rücklauf messen wollen).
- Ein Coupon ist organisatorisch aufwendig, in erster Linie wegen der Folgeaktivitäten, die – wenn überhaupt – häufig zu schludrig und ungeplant ablaufen.
- Vorsicht vor Werbegrafikern, die die Schlaffheit ihrer Inseratekreationen manchmal mit einem Coupon aufpeppen wollen, statt ihn als zentrales Element einer Aktions- oder Werbekampagnen-Konzeption einzusetzen.

# Degustationen, Demonstrationen

- Demonstrationen (Nonfood) und Degustationen (Food) durch Hostessen und Propagandisten sind die intensivste Form der Bemusterung (und der Werbung): siehe Milchmann.
- Die Qualität – und manchmal: Originalität – des eingesetzten – eigenen oder angemieteten – Personals entscheidet über den Erfolg, also entsprechend trainieren, motivieren, ausrüsten, kontrollieren. (Auch hier ist die erstbeste Idee nicht immer die beste: Wäre ein Demonstrant Typ Handwerker für die Fachgeschäfte-Demo z. B. eines «sanften» Schlagbohrers wirklich die beste Wahl?)
- Besonders bei erklärungsbedürftigen Produkten wirken persönliche Direktansprachen suggestiv und überzeugend, für gänzlich neue Produkte (z. B. Gemüse-Joghurt: Achtung, Ideengeschenk an die Leser!) sind sie unersetzlich.
- Degustiert oder demonstriert wird an festen Plätzen oder mobil (Auto, Koffer, Bauchladen usw.), am Ort des Einkaufs selbst, während Messen und Ausstellungen, an Veranstaltungen, Versammlungen und sogar auf Campingplätzen.
- Bei der Planung einer solchen Aktion sind folgende Punkte abzuhaken:
    - Problemdefinition und Zielbestimmung (Dauer der Aktion, Personal, Hilfsmittel und Material)
    - Bestimmen der Budgetmittel
    - Formulierung der Zuteilungs-/Akquisitionskriterien (im Handel z. B. Umsatz, Frequenz, Verkaufsfläche, spezifische Produkt- oder Kundenprobleme)
    - Akquisition durch Verkaufszentrale, regionale Verkaufschefs, Aussendienstmitarbeiter (sog. Vertreter)
    - Zeitschiene bestimmen (Akquisitionsbeginn oft schon ein Jahr vorher) und Aktionsablauf festschreiben
    - Möglichkeiten für Kooperation mit Partnerfirmen abklären (z. B. Tomatensauce und Teigwaren, Zahnpasta und Bürsten, Kaffee und Biskuits)
    - Eigenes oder temporäres Personal auswählen, schulen, dokumentieren (insbesondere mit Argumentationslisten, Kochprogrammen und dergleichen)

- Form der Tagesberichte und Statistiken festlegen und Kontrollpunkte bestimmen
- Hilfsmittel, Materialien, Ware bereitstellen
- Demonstrationsstand gestalten, allfällige zweite Verkaufspunkte organisieren
- Kontrollen sicherstellen
- Berichte, Resultate auswerten (am Ort der Veranstaltung soll gleichermassen informiert, die Verkaufsfläche belebt und Mehrumsätze erzielt werden)

- Demonstrationen und Degustationen nicht nur zur Information, sondern auch zur Umsatzförderung sind am wirkungsvollsten, wenn sie von Extra-Anreizen für den Kaufabschluss begleitet werden (z. B. Multipack, Preisreduktion, Prämien, Zugaben, Wettbewerb, Bon).
- Bei kluger Planung ist diese teure und organisatorisch anspruchsvolle Form der Verkaufsförderung sehr wirkungsintensiv, nicht nur wegen der unmittelbaren Resultate, sondern auch wegen ihres oft langen Nachhalls.

# Events

- Events sind Animationen. Sie sind die Beseelung, das Herauslocken der Leute (nicht der «Verbraucher»!) aus ihrer Reserve, die Ermutigung, etwas aus reinem Spass zu tun, nicht auf Befehl oder aus Berechnung (z. B. Kinderkarussell vor dem Verbrauchermarkt). Sie stimulieren Interaktionen zwischen Marke und Kunde.
- Eine bedeutende Präferenz von Kunden und Konsumenten ist das Grundmotiv (Einkaufs-)Erlebnis, also Marktatmosphäre, «Jubel, Trubel, Heiterkeit», günstige Gelegenheiten, Abwechslung, Zerstreuung, Infotainment. Überraschendes und immer wieder Neuheiten.
- Zu den «sachlichen» Verkaufsförderungsmassnahmen gehören «persönliche», die als «privat» erlebt werden: sie dienen dem Anbieter für die Umsatzsteigerung und Verkaufsförderung beim Endverbraucher/-Verwender (hinaus aus den Regalen) so sehr wie einem guten Verlauf der Verhandlungen mit den Handelspartnern (hinein in die Regale) und rücken die sachlichen Aktivitäten in ein – verbindlicheres – emotionales Umfeld.
- Viele ungenutzte Chancen für Event-Promotion liegen im Bereich interne Ausbildung (z. B. auf einem attraktiven Flussdampfer statt in der ermüdenden Fabrikkantine) und externe Schulung (z. B. von Arztgehilfinnen durch die Pharmaindustrie), wo sie besonders intensive Face-to-face-Kontakte ermöglichen.
- Opinion leaders, etwa aus Sportbereich oder Show-Business, bringen auch im Business-to-business nicht nur attraktive Aufmerksamkeit im Rahmen der unternehmerischen Öffentlichkeitsarbeit, sondern auch hervorragende Resultate bei der Nutzung für die Verkaufsförderung. Die muss mit den übrigen Massnahmen vernetzt und zielorientiert geplant werden.

# Gutscheine, Bons

- Gutscheine und Bons sind Wertscheine, die zum verbilligten Kauf eines Produktes eingelöst werden (oder – seltener – gegen Gratismuster und andere Naturalien). Sie gelten als Bargeld und werden an der Kasse als solches angenommen und verrechnet.
- Besonders bei Neueinführungen eines Produktes, zur Steigerung der Rotation und Verbesserung der Distribution.
- Mit der Post an die Haushalte verteilt, besonders wertvolle auch adressiert. Andere Verteilungsmöglichkeiten sind Zeitungscoupon, Beilage, Produktverpackung, Aussendienst, Verteilorganisationen wie z. B. Felicitas und dergleichen.
- Einlösequoten zwischen einem und zwanzig Prozent, je nach angegebenem Wert und Verteilungsweg. (Ein Zeitungscoupon-Rücklauf von mehr als 0,5 Prozent gilt bereits als ausgezeichnetes Ergebnis. Doch aufgepasst: Qualität kommt auch hier vor Quantität.)
- Für die Umtriebe des Handels ist eine Entschädigung unerlässlich, üblich sind 3 bis 6 Prozent. Diese Entschädigung wird durch Vertreter, die Verwaltung oder, wie besonders in den USA, durch eine unabhängige Zentralstelle (z. B. Nielsen) eingelöst.
- Kosten entstehen durch den entgangenen Geldwert des Bons, Umtriebsentschädigung, Herstellung, Verteilung und Bearbeitung des Gutscheins.
- Verursachen viele innerbetriebliche Umtriebe. So sind etwa Einlösungen nur unbefristet möglich, deshalb gibt es auch noch nach Jahren Geltendmachungen.
- Während Gutscheine und Bons früher weit verbreitet waren, findet man sie heute fast nur noch im Fachhandel. Sie geniessen derzeit zu Unrecht kein besonders gutes Image, nicht zuletzt weil immer wieder Unkorrektheiten bei der Abwicklung und Verrechnung vorkamen.

# Kombipacks

- Zwei sich sachlich ergänzende, sonst eigenständige Produktemarken werden zusammen verkauft zu einem Preis, der höher ist als für ein Produkt, aber niedriger als für zwei einzeln gekaufte. Diese Form der Promotion in also immer mit einem Preisvorteil kombiniert. Zugleich handelt es sich um eine Art Gemeinschaftswerbung, mit den ihr eigenen Nachteilen (der Stärkere profitiert mehr).
- Organisatorisch problematisch: Der Handel verkauft die Produkte entgegen der Intention der Hersteller gern einzeln. Bestellungen sind kaum in die Ordersätze der Einkaufszentralen zu bringen, die Margenschmälerung muss «verkauft» werden, Regalplazierungen ausserhalb des zweiten Verkaufspunktes und nach Aktionsende sind schwierig.
- Die Kosten der Verkaufsaktion (Preisnachlass, Konfektion, spezieller Umkarton, Bewerbung) teilen sich die Partner/Produkte.
- Im Foodbereich ist der Kombipack als Aktionierungsextra seltener anzutreffen, wahrscheinlich deshalb, weil der Kunde nicht beide angebotenen Produkte gleichermassen schätzt und dann lieber auf den Kauf verzichtet.
- Zudem hat der Handel Schwierigkeiten mit Verrechnung und Klassierung, die Bewerbung ist schwierig zu lösen. Gute Chancen aber im Dienstleistungsbereich oder bei Produkten vom selben Hersteller/Anbieter (z. B. kombiniertes Familienabonnement von je einer Special-Interest-Zeitschrift für Vater, Mutter, Kinder).

# Merchandising

- Direkte Produktepflege (des Markenfabrikanten) am Verkaufsort (des Handels).
- Merchandiser sind vom zuliefernden Hersteller bezahlt, fest angestellt oder zugemietet, und als «Angestellte des Ladens» permanent oder temporär eingesetzt.
- Basisleistungen für die Warenpflege am Stammplatz sind:
    - Kontakt und Repräsentanzaufgaben
    - Lagerüberwachung, Nachschubsicherung
    - Kontrolle der Ordersätze der Handelszentrale
    - Überprüfung der Lager- und Abverkaufsfristen
    - Auspacken und Make-up der Ware
    - Auffüllen der Regale
    - Vermeidung von Ausverkaufslücken
    - Marktforschungsaufgaben, Befragungen
    - Verkaufsfördernde Extradienstleistungen sind:
        - Warenpräsentationen
        - Plazieren von Werbematerial und Dekorationen indoor und outdoor
        - Einrichten zweiter Verkaufspunkte (z. B. Massenaufbauten)
        - Anregung, Organisation, Durchführung, Überwachung von Aktionen am P.O.S.
        - Schulung des Handelspersonals

## Multipacks

- Zwei oder mehr Einheiten des gleichen Produktes werden zusammengepackt oder lose zu reduziertem Preis verkauft.
- Probleme entstehen bei der Konfektion (jedoch nur, wenn zusammengepackt wird), beim Ordersatz und beim Gewinnverlust, der dem Handel mit Rabatten auszugleichen ist.
- Handel deckt sich besser ein, die Lager sind weniger schnell ausverkauft, der Verbraucher ist länger eingedeckt und wandert nicht ab. Aber: für einen Erst- oder Probierkauf ist die Einheit zu gross.
- Kosten durch begleitende Preisreduktion, Margenausgleich, allfällige Konfektion und spezielle Umkartons.
- Geeignet ist der Multipack nur für starke Marken mit vielen regelmässigen Käufern, und wenn ein – effektiv oder «optisch» – günstiger Endpreis möglich ist.

# Packungen

- Mit anlassgebundenen Sonderpackungen (an Weihnachten, Muttertag, Ostern) sind in vielen Branchen Umsatzspitzen möglich (z. B. Süsswaren).
- Differenziertes Konsumbewusstsein schränkt die Möglichkeiten häufig ein: Die Produkte müssen sich wieder ohne Korsetts und Verkleidungen behaupten.
- Der greifbare Nutzen von Aktionspackungen, die mit Extras locken (etwa mehr Inhalt bei gleichem Preis oder Zugabe), gleicht die Verletzlichkeit der Marke aus.
- Am Ort des Verkaufs ist die Packung selbst zentrales Werbemittel und «Inserat» von permanenter Präsenz am Regalstammplatz. Wer die Standardpackung über Marke, Hersteller und Deklarationsaufschriften hinaus noch zur Imagepflege und als Medium für das Kundengespräch sowie als Stimmungsträger nutzt, hat grossen Vorsprung auf seine Konkurrenten.
- Kein Werbemittel sonst hat diese langzeitige und intensive Präsenz im privaten Bereich wie die Packung (wenngleich das Genussmittel Pulverkaffee im 2-Kilo-Monster mich ein halbes Jahr lang schreckt).
- Für die Verkaufsförderung genügt oft schon eine – nicht extra aktionierte – kosmetische oder technische Änderung an der Packung selbst. Weil sie die Käuferschaft aus der täglichen Gangart bringt und sie stolpern lässt, schaut sie wieder einmal hin, hört wieder einmal zu, der Stammplatz ist wieder attraktiv.
- Dynamik und Attraktivität einer Ware lässt sich am besten am Produkt selber beweisen, mit der Anschrift des Aktionshinweises etwa («zum Frühlingspreis»/«mit Rezeptwettbewerb»), als Etikettenaufdruck, Kleber, Anhänger, Manschette, Aufstecker usw.: die Aktionswerbung muss am Verkaufsregal ihre Fortsetzung finden.
- Jede Art von Aktionsanschrift soll über die blosse Aktionsbotschaft hinaus auch Imagebildner für die Marke sein, denn man kann mit all

den Rondellen, Banderolen und Klebern ebensoviel kaputtmachen wie gewinnen: Der lange Halbzeitwert der signalroten Aktionsrondelle auf meinem Rasierschaum stimmt mich am Morgen noch aggressiver als mein Wecker, der Discountpreis-Aufdruck auf der Pralinenschachtel macht auch meine charmanteste Aufwartung unglaubwürdig.

# Prämien

- Als Barvorteil («500 druckfrische Franken bar in die Hand») oder Naturalie («ein Städteflugweekend im Wert von 500 Franken»).
- Als sogenannte «Incentives» belohnen und prämieren sie Mehr- und Sonderleistungen, sind Ansporn und Motivationshilfe: Die Auswahl im Bereich Reisen ist schier unerschöpflich: Gerade die sogenannten Incentive-Reisen haben einen solchen Boom zu verzeichnen, dass einige Fluggesellschaften einen speziellen Verkaufsdienst eingerichtet haben.
- Empfänger dieser beflügelnden Extras sind die verschiedenen Teilsegmente von Aussendienst (Regionalverkaufschefs, Vertreter usw.), Handel (Einkäufer, Filialleiter, Rayonchef, Verkäufer, Kassierer, Lagerist usw.), Endkäufer (Konsumgüter, Investgüter, Dienstleistungen usw.).
- In vielen Unternehmen sind Prämien – oft als Staffelsysteme – zur Personalmotivation oder kundenbezogen zur Förderung der Abverkäufe nicht mehr wegzudenken, werden dann aber oft zu alltäglichen Selbstverständlichkeiten.
- Naturalprämien sind häufig attraktiver als Barvorteile, weil sie einen höheren Vorstellungswert haben und die Fantasie – und Diskussion! – beflügeln. Zudem können sie häufig zu tieferem Preis eingekauft werden als der schliesslich ausgewiesene Endwert.
- Beim Einkauf muss sorgfältig operiert werden, die Zulieferer sind dabei häufig hilfreich und entlastend. Vom Aktenkoffer aus Mahagoni bis zur Golfausrüstung mit Einführungskurs und der Finnensauna für den Hausgarten ist alles möglich.

# Sammelpunkte

– Eine indirekte Zugabe mit permanentem Charakter. Nicht der einzelne Punkt, Bon, Jeton ist verwertbar, sondern nur eine bestimmte Anzahl davon. Mit dem Sammeln kommt man in den Genuss eines kostenlosen oder preisermässigten exklusiven Extras (meist Bücher, Tonträger, Bilder, Spiele). Mit dem Ansteigen der verfügbaren Einkommen und Haushaltbudgets sind Barauszahlungen oder Einkaufsrabatte seltener geworden («Rabattbüchlein»).
– Als Belohnung für Kauf, Animation zu Anschluss-Käufen oder Mehrstück-Käufen sowie zur Langzeit-Kundenbindung.
– In oder auf der Packung, oder beim Kauf abgegeben.
– Für schon gut eingeführte Güter des täglichen Bedarfs, starke Marken mit breitgestreuter Verfügbarkeit, rascher Rotation, breitem Konkurrenzfächer.
– Zur aktionsweisen Verkaufsförderung lassen sich die Sammelpunkte befristet überdotieren («Nescafé jetzt mit 100 Mondo-Punkten extra!»).
– Die Schweizer sind diesem Verkaufsförderungs-Extra schon seit 40 Jahren verfallen, noch immer sammeln unglaubliche 70 Prozent der Haushalte Punkte in irgendeiner Form (90 % davon kennen den Mondo-Verlag, 80 % sammeln Punkte der Organisation Silva, 60 % haben schon einmal «Avanti»-Bücher bestellt). Der Erfolg hängt wohl mit der Eigenart vieler Menschen zusammen, nichts wegwerfen zu können, aber auch mit ihrem Bedürfnis nach Leistung und Belohnung.

# Selfliquidators

– Produktzugaben, die sich selbst finanzieren. Der Verkaufsförderer trägt lediglich das Delkredere, bis der eingekaufte Artikel liquidiert ist.
– Angeboten und beschrieben sind Selfliquidators häufig als Bestellcoupon, meist innerhalb von Produkteinseraten – sie machen dann die Werbung interessanter, wenn einem zum Produkt nichts mehr einfällt. Ohne Umwege verkaufsfördernd sind sie, wenn sie mit dem Produkt/der Dienstleistung selber angeboten werden (auf der Verpackung, Etikette oder als Anhänger, Einleger) und man das Produkt kaufen/die Dienstleistung erwerben muss, um in den Besitz eines Bestellscheins zu kommen, mit dem man den Selfliquidator bekommen kann. («Wir freuen uns, wenn Sie uns den Senftubenverschluss mit einschicken!»)
– Erfolgreich sind nur Gegenstände, die man nirgendwo sonst kaufen kann oder die es zu diesem Preis oder in dieser Ausführung nicht zu haben gibt. Das heisst, sie müssen exklusiven Charakter haben, der Anbieter muss wissen, «was gerade läuft», er muss «die Nase im Wind» haben.
– Das Risiko für den Anbieter: Er muss zu einem sehr frühen Zeitpunkt eine Auflage bestellen (und vorfinanzieren), von der er nicht verlässlich weiss, ob er sie auch abzusetzen vermag. Gibt es zu wenige Bestellungen – etwa wegen zu schwacher Aktionswerbung oder weil der Selfliquidator nicht marktkonform war –, bleibt er auf der Restmenge sitzen. Ist der Bestelleingang grösser als prognostiziert, muss er mit verärgerten Kunden rechnen, sofern nicht in kürzester Zeit nachproduziert werden kann (Option vereinbaren!).
– Ähnlich wie bei beigepackten Zugaben gilt, dass der Selfliquidator thematisch nahe am geförderten Produkt liegen muss, damit in der Werbung ein Link zum Produkt hin möglich wird.
– Es ist üblich, die Verpackungs- und Versandkosten sowie eine

Sicherheitsreserve für nicht bezahlte Rechnungen in den Abgabepreis miteinzubeziehen, aber es ist unanständig, mit dem Selfliquidator noch Nebenerlöse machen zu wollen. Auf Nachnahmesendungen oder Vorkasse kann verzichtet werden, es herrscht weiterum eine unverändert gute Zahlungsmoral.

# Sponsoring

- Moderne Form des Mäzenatentums. Klassischerweise ohne kommerzielle Absicht, jedoch zunehmend als resultatorientiertes Instrument im Marketingmix geplant und verkaufsfördernd genutzt. Geld wird nur noch gegen nachweisbare Leistung (auf Gegenseitigkeit) vergeben, der blosse Hinweis auf den Sponsor ist nicht mehr ausreichend – auch nicht für den Fiskus, der Sponsorbeiträge als Betriebsausgaben akzeptieren soll.
- Die Grenzen zu Public Relations und Massenwerbung sind verwischt, doch gilt unverändert die Regel, dass noch einmal soviel wie für die Donation für die Publizität ausgegeben werden sollte. (1. «Tue Gutes!», 2. «Rede darüber!»)
- In starker Entwicklung und als «Action-Marketing» bereits auch etabliert («im Marketing werden die Karten neu gemischt»). 1992 haben die deutschen Unternehmer bereits 3 Mia. für Sponsoring ausgegeben, davon, wen wundert's, die Hälfte im Bereich Sport (Sponsorcom Stuttgart: «Es geht zu wie auf einem türkischen Bazar».) Als Brosamen vom Tisch des Herrn fielen nur 500 Mio. für Kulturelles, 200 Mio. für Soziales, Caritatives, Umweltschutz usw.
- Gerne praktiziert aus Anlass von Jubiläen (Danksagung), zur Motivation (Stipendien), als Belohnung (Einladungen). Nutzniesser sind Organisationen, Verbände, Institutionen, Vereine, seltener Einzelpersonen.
- Hervorragend geeignet auch für kommerzielle Verbundaktionen und zur Gemeinschaftswerbung, auch zwischen öffentlicher Verwaltung und Privatwirtschaft (z. B. das Viermillionenprojekt, mit dem die Verkehrszentrale Schweiz das «Produkt Schweiz» in den USA verkauft: sie selber zahlte die Hälfte, American Express und Swissair je ein Viertel).
- Thematisch geeignet sind alle Bereiche gesellschaftlichen Lebens, z. B. Musik («Leysin Rock Festival», der Dauerbrenner von Marlboro), Theater («Tout est possible», das Versprechen des Pariser Théâtre Montansier an künftige Sponsoren), Freizeit («Das grösste Praliné der Welt», der Heissluftballon von Ragusa), Soziales («Project Redistribution», die Wohltat von Kleidersammler Benetton), doch scheinen

viele Projekte mehr den persönlichen Vorlieben der Manager zu folgen als übergeordneten Unternehmenszielen.
- Einmal ist keinmal: Sponsoring sollte immer über mehrere Jahre hinweg praktiziert werden, um die Anlaufinvestitionen und Synergien besser zu nutzen. Egal, in welchen Unternehmensbereichen ziel- oder budgetmässig angesiedelt, müssen die Projekte in die unternehmerische Gesamtplanung vernetzt werden.
- Ausser als quantitativ messbare Kontakte sind schnelle Ergebnisse nicht gut möglich, die Erfolgskontrolle des Hauptziels «Goodwill» ist schwierig.
- Als Sponsor soll man nicht nach dem Giesskannenprinzip «kleckern», sondern gezielt – als Hauptsponsor – «klotzen». Budgetformel ist weiterum «10 Prozent vom Kommunikationsbudget».
- Auch hier gilt, dass Kreativität – Originalität, Einmaligkeit – bessere Resultate bringt. Chancen haben zudem nur durchdachte und langfristige Konzepte.

## Preisreduktionen

- Im Konsumgüterbereich, besonders auf dem Schlachtfeld des Lebensmittelhandels, überaus beliebte Form der Verkaufsförderung. Durch die Übernutzung dieses Abverkaufsinstruments ergeben sich trotz vieler «schneller» Erfolge jedoch gravierende Nachteile:
    - Sie zwingen zur Wiederholung
    - Sie sind schlecht geeignet zur Markenbindung und verführen zum Pendeln
    - Sie erweisen sich als eigentliche Imagekiller
    - Nach hohen Anfangsverkäufen (Vorratshaltung) muss mit reduzierten Wiederkäufen gerechnet werden
- Je häufiger für ein Produkt (oder eine Dienstleistung) Abverkaufsaktionen durchgeführt werden, desto mehr ist in die imagestützende klassische Markenwerbung zu investieren, was die Marketingbudgets leider selten zulassen.
- Die Margenschmälerung der Detaillisten muss oft durch Spezialrabatte kompensiert werden; schwache Marken unterliegen dem Forderungsdruck der Grossverteiler.
- Zeitlich befristete Preisreduktionen werden unter «Ausschluss der Öffentlichkeit» auch den Verteilern direkt gewährt, die sich so ihr Discountpreis-Image vom Hersteller finanzieren lassen (z. B. «zwölf für elf», «Gemeinschaftswerbebeitrag», «Ausstellungsrabatt», «Jahresabschlussprämie»).
- Aktionen mit Preisreduktion für Markenprodukte sind manchmal hilfreich gegen die Eigenmarken des Handels.
- Obwohl organisatorisch problemlos, sind national flächendeckende Preisaktionen selten geworden, meist finden sie kanalspezifisch statt, teilweise als «Exklusiv-Aktion», unter verschiedenen Namen und je nach Verteiler mit verschieden hohen Preisnachlässen. Eine nationale Aktionswerbung des Produzenten ist dann schwierig, man muss sich mit vagen Umschreibungen der verschiedenen Preisvorteile behelfen («Jetzt überall zum magischen Preis!»).

# Wettbewerbe

- Wettbewerbe sind starke Verkaufsförderer, mit Kaufzwang über:
    - Packungsteile
    - Formulare in Packung
- Sie sind wirksam aktivierend auch in der klassischen Werbung und sorgen für:
    - Goodwill
    - Rummel
    - Bekanntheitsgrad
    - Markterhebung
    - Unique Advertising Proposition, UAP
    - Adressbeschaffung
- Es gibt zwei Wettbewerbsformen: Glückswettbewerbe (mit Auslosung) und Leistungswettbewerbe (mit jurierbaren Fragen, Aufgaben, Rätseln).
- Beide Aktionsformen sind nicht nur in den Angebotsbereichen Konsumgüter, Dienstleistungen und manchmal auch Investgüter wirksam, sondern auch auf allen Anspracheebenen. Die Motivation zur Teilnahme ist immer die Aussicht auf einen Gewinn.
- Wettbewerbsgewinne können Traumpreise, Trostpreise, Warenmuster, Donationen, schlicht auch «Lagerabbau» sein. Auch Auszeichnungen und die Ehre einer Jurierung werden als Gewinn verstanden. Alle Preise sollten einen hohen Vorstellungswert haben, es ist auf ihre inhaltliche Nähe zur aktionierten Sache zu achten. Eine Barablösung erhöht die Teilnehmerzahl.
- Wenn die Gewinner-Ermittlung durch Auslosung erfolgt, ist das Prozedere durch Zuzug eines Notars abzusichern. Bei der Bestimmung einer Jury ist der Veranstalter frei.
- Weitere Checkpunkte:
    - Keine Korrespondenz führen
    - Gewinnerbenachrichtigung vorplanen
    - Temporäres Postfach mieten
    - Präzise Anleitung geben, was der Teilnehmer tun soll
    - In Text und Bild einfach, plakativ bleiben
    - Sorgsam und zeitlich grosszügig timen

- Ziehungsprozedere planen (gut geeignet für begleitende Public Relations)
- Jury bestimmen, Jurierung organisieren
- Kostenbudget erstellen
- Gewinne evaluieren, einkaufen, versenden/übergeben
- Begleitende Aktionswerbung am Point of Sales realisieren (zweite Verkaufspunkte)
- Bei der Durchführung eines Wettbewerbs Lotteriegesetz beachten, gegebenenfalls Notar beiziehen:
  - Da – z. B. in der Schweiz – bei Wettbewerben zu Werbezwecken im allgemeinen ein Gewinn in Aussicht gestellt wird und der Veranstalter zum vornherein bestimmt, wieviel er investieren will, muss man darauf schauen, dass der Teilnehmer kein «Rechtsgeschäft tätigen oder Einsatz leisten», also für die Teilnahme nichts kaufen muss. (Ein «psychologischer Kaufzwang» ist möglich, wenn die Teilnahmescheine ausser beim Produktekauf auch anderswie erhältlich sind – z. B. über Anforderung beim Veranstalter.) Zur Umsatzsteigerung anlässlich einer Verkaufsförderungsaktion ist ein Kauf (oder Besuch) jedoch meist erwünscht, deshalb muss hier das «aleatorische Moment» (der Zufall) fehlen; bei Gewinnerermittlung durch Jurierung einer Leistung ist das der Fall.
- Gewinnsumme, Hauptpreis, Barablösung beeinflussen die Teilnehmerzahl stark, der Schwierigkeitsgrad des Wettbewerbs sogar ganz massiv: je leichter zu lösen, desto grösser der Rücklauf (weshalb es so viele Wettbewerbe gibt, für die man sich als Werber manchmal schämen möchte).
- Die Struktur der Teilnehmer entspricht nicht den Vorurteilen, überproportional und geschlechterquotenkorrekt vertreten sind nämlich Gutsituierte, Gutausgebildete, Konsumjahrgänger, der Teilnahmespass ist offenkundig flächendeckend.

## Zugaben

- Zugaben sind kleine Geschenke, die beim Kauf mit dem Produkt zusammen abgegeben werden. (Erinnern Sie sich? Das Wursträdchen des Metzgers?)
- Sie bringen hohe Abverkäufe, besonders – speziell, wenn auf Sammeln angelegt – durch Mehrstückkäufe. Steigerung der Kundenzahl hingegen gering.
- Zugaben sind meist kleinere, günstig eingekaufte Artikel ohne fixe Preisvorstellung (gesetzlich 3 %, in der Praxis oft bis 20 % vom Verkaufspreis des geförderten Produkts). Ganze Industriezweige profitieren davon.
- Der Vorstellungswert muss höher sein als der effektive Geldwert (mit «Originalvisitenkarten der Filmstars» hat man nicht schnöde Drucksachen, sondern einen Teil der Angebeteten in Händen).
- Je näher sich die Zugabe thematisch im Umfeld des aktionierten Produkts bewegt («Lux, die Schönheitsseife der Filmstars»), desto effizienter ist die Bewerbung der Aktion.
- Oft gibt es Möglichkeiten für Gemeinschaftsaktionen mit andern Herstellern in verwandter Interessenlage, die man zur Kostenteilung und Effizienzsteigerung nutzen sollte («Thomy schenkt Ihnen – Zugabe! – zu jeder Tube Mayonnaise – Bemusterung! – ein original McCormick-Gewürz»). Zugabe-Aktionen kosten viel Geld, da zusätzlich zu den Beschaffungskosten für die Zugabeartikel massive Mehrkosten durch die Konfektion entstehen (Verpackung und Handling): Die Aktionsgebinde müssen meist von Hand ausgerüstet werden, sie müssen diebstahlsicher sein, oft ist ein Versandkarton spezieller Grösse nötig.
- Der organisatorische Aufwand ist gross, oft sind die Fabrikationschefs wegen der Störung des Produktionsablaufs unwillig. Probleme gibt es zudem mit Verfügbarkeitslücken, denn wegen des grösseren Volumens der Aktionspacks haben weniger Einheiten Platz im Stammplatz-Regal, es ist schneller leer.

# B, die Aktionswerbung

# Ziele, Zielgruppen

- Eine Verkaufsförderungsaktion hat nur Wirkung, wenn sie mit Werbung bei den Zielpersonen auf den verschiedensten Ebenen kommuniziert wird. Dafür eignen sich alle klassischen Werbemittel: Printmedien, Direktwerbung, elektronische Medien, Aussenwerbung. Als in der klassischen Werbung selten genutztes Medium kommt jedoch das Medium Verkaufspunkt und manchmal auch die Packung selber dazu.
- Die Aktionswerbung gibt Support zuerst für den – häufig schwierigeren – Hineinverkauf (in die Regale) und daran anschliessend für den Hinausverkauf (aus den Regalen).
- Zielgruppen sind die Absatzmittler (Zielpersonen in den Zielsegmenten Opinion leaders, Einkäufer, Filialleiter, Verkäufer usw.), natürlich die Konsumenten, Verbraucher, Kunden (als Käufer, Nutzer, Entscheider) sowie zu Motivation, Information, Support häufig auch der eigene Mitarbeiterstab (Verkaufschefs, Vertreter, Reisedekorateure, Degustantinnen usw.).
- Die Einsatzgebiete für die Streuung richten sich nach Zielen und Prioritäten und sind international (seltener), national, regional, lokal und oft vertriebskanalspezifisch.
- Hauptproblem für die Aktionswerbung ist meist, dass die Aktionsaussage Vorrang hat vor der Produktaussage. Das heisst, Aktionswerbung ist nur im Nebenamt auch Markenwerbung, weshalb man thematische Brücken bauen und produktnah bleiben muss.
- Verkaufsförderungsaktionen müssen lange vorher, oft schon im Jahr voraus, disponiert und die Werbung dafür manchmal schon Monate voraus konzipiert, getextet, gestaltet, produziert, gestreut werden.
- Hier ein Beispiel für eine national annoncierte Promotionskampagne eines Markenartikel-Herstellers:
    - Oktober: Vorinformation an die Absatzmittler
    - März: Produktions-, Abpackbeginn (Etiketten, Umkartons, Beilagen, d. h. Aktions-Extra, Aktions-Motto und Aktions-Design müssen dann schon festgeschrieben, realisiert bzw. eingekauft werden)

- Juni: Aktiver Vorverkauf (schriftliche und persönliche Informationsmittel wie Mailings, Muster, Meetings, Besuche für Aussendienst und Absatzmittler)
- September: Warenverfügbarkeit (Zuteilung in Handelslager und Regale), Einrichten zweiter Verkaufpunkte durch Merchandiser des Herstellers (Displays) und Aktions-/Werbe-Beginn (= Medienwerbung sowie Werbung am Point of Sales, ebenfalls plaziert durch den Merchandiser).

# Ladenwerbung

- Jede Verkaufsförderungsaktion muss den Zielpublika bekanntgemacht werden, mit grafisch und verbal attraktiven «Veranstaltungs-»Titeln nach Art der Kinofilme oder Bücher.
- Ausser den klassischen Streumedien kommt bei dieser Gelegenheit Werbung im Medium Laden, am Point of Sales, zum Einsatz. Trotz Schwierigkeiten, sie zu plazieren, wird diese (hier z. B. in einer Umfrage des «PLV-Newsletter» in den USA) vom Detailhandel gut bewertet:
    - verkauft die Ware durch Impuls- oder Erinnerungskäufe (56 % Nennungen)
    - verknüpft die zentrale Produktewerbung mit den Einzelhandelsgeschäften (33 %)
    - zieht noch mehr Kunden ins Geschäft und lenkt die Aufmerksamkeit derjenigen auf sich, die sich bereits in ihm befinden (32 %)
    - bietet das Erzeugnis in einer anziehenden Art an (22 %)
    - erweckt beim Einzelhändler die Bereitschaft zur Zusammenarbeit (20 %)
    - fördert bessere Verbreitung und Erkennung der Marke (19 %)
    - schult, unterstützt, ermutigt das Einzelhandelspersonal (13 %)
- Werbemittel, die anlässlich einer Promotionsaktion in den Läden eingesetzt werden, müssen in erster Linie verteilerkonform sein, damit sie nicht nur dem Hersteller nützen, sondern auch dem Handel bzw. seinen Kunden. Mit Vorteil lässt man sie bezüglich Aussage, Form, Grösse, Handling zum voraus auch durch den Aussendienst absegnen.
- Ladenwerbung der Hersteller stellt sich nicht von selber aus, der Handel folgt eigenen Interessen. Promotionsfähig sind also nur Unternehmen mit eigenen Aussendienstmitarbeitern, Merchandisern, Reisedekorateuren, doch kann man solches Personal auch temporär einstellen.
- Klassische, d. h. bewährte und gern genutzte Werbemittel am Point of Sales sind:
    - Packungen und Umkartons

- Hänge-, Stell-, Steck-Plakate
- Tafeln, Wechselrahmen
- Deckenhänger, Rotairs
- Korb- und Wagen-Einlagen
- Regaldispenser, Regalstopper, Regalmarkierungen
- Preisschilder
- Dekorationsaufbauten
- Flugblätter, Kleber
- Lautsprecherdurchsagen und audiovisuelle Mittel
- Vom Detaillisten gern gesehen und immer erfolgreich sind für den jeweiligen Verkaufskanal massgeschneiderte Werbemittel, die als eigentliche Dienstleistungen oft über die Aktionsdauer hinaus im Einsatz bleiben:
    - Taschen, Tüten, Einpackpapiere
    - Kassenpapierrollen
    - Vordrucke, Notizzettelblöcke
    - Fussmatten, Abfallkörbe, Wegweiser
    - Plaketten, Auszeichnungen,
    - Beschriftungen indoor und outdoor
- Wegen meist kleiner Auflagen (in der Schweiz erst noch in drei Sprachen gesplittet) und weil sie meist eigens entwickelt wird, ist Ladenwerbung teuer, die Kosten sind meist hoch und belasten die Budgets markant.

# Displays

– Verkaufsfördernde Unternehmen haben nur anlässlich einer Aktion die Möglichkeit, ihr Produkt für kurze Zeit aus dem passiven Stammplatz im Verkaufsregal heraus und ins aktive Blickfeld zu bringen. Je nach Bedeutung der Marke ist das einmal oder zweimal im Jahr der Fall, meist in Form von zweiten Verkaufspunkten.
– Zweite Verkaufspunkte stimulieren den Verkaufsabschluss durch Aktivierung bewusst oder unbewusst wahrgenommener und in Vergessenheit geratener Werbeappelle.
– Als Zweitplazierungen bietet sich eine ganze Reihe von Displays («stumme Verkäufer») an:
    – Ausstellkartons (Umkartons mit Aufreissband und Aufstellsockel)
    – Schütten
    – Bodensteller
    – Gondeln
    – Paletten aller Grössen
    – Regalverlängerer
– Wie beim Ladenwerbematerial und den Schaufenstern gilt, dass sich solche Zweitausstellungen nicht selber organisieren. Das heisst, man braucht einen funktionierenden (und gut motivierten) Aussendienst. Wo dieser fehlt, halten Temporärorganisationen erfahrene Merchandiser zur Verrogung. Oder die Displays müssen so konstruiert sein, dass sie sich beim Verbringen auf die Ladenfläche von selbst ausstellen.
– Die Zweitplazierung soll das Produkt aktivieren. Das Display hat Service- und Stopper-Funktion, vor allem aber garantiert es schnelle Abverkäufe. Natürlich ist die Attraktivität des Aktions-Extras für den Warenumschlag ausschlaggebend, doch kann eine spektakulär aufgebaute Zweitplazierung aus einem Langsamdreher einen Schnellstarter machen. Immer nützlich sind Bewegung und Licht.
– Hersteller von Karton- und Kunststoff-Displays sind oft erfahrener als die routiniertesten Werbefüchse. Sie helfen mit, Entwürfe und Modelle des Ateliers «stimmig» zu machen, in der Mustermacherei

haben sie ein Facharbeiter-Potential, das nicht extra verrechnet wird. Zudem gibt es dort auch standardisierte Displays, deren Stanzmesser und Formen schon amortisiert und die deshalb kostengünstiger sind. Dennoch empfiehlt sich auch hier, ausserhalb des Üblichen zu suchen und neue Ideen mit Beharrlichkeit und Optimismus zu realisieren.

# Schaufenster

– Im allgemeinen Tohuwabohu der Preisschlacht im Handel hat man die Einkaufsqualität lange vernachlässigt, zu der ausser identitätsschaffender Atmosphäre auch das Stadtbummel-Vergnügen der Vor-Auswahl anhand der Schaufenster gehört. Parallel zur Verbesserung der Ausstattungsqualität und Warenpräsentation in den Läden selber zeichnet sich nun auch eine Renaissance der Schaufenster ab, die tatsächlich ein hervorragendes Instrument der Marktkommunikation sind. Deshalb werden sich nicht nur die Werber, sondern auch die Verkaufsförderer vermehrt der Attraktivität des Schaufensters zuwenden und es als exzellentes Werbemittel am Verkaufspunkt nutzen.
– Meist hausgemacht sind Fensterdekors als individuelle Einzelanfertigungen (einige dieser «Gesamtkunstwerke» machten vor Zeiten einmal Geschichte). Sie lassen sich – viel zu selten genutzt – nachher an die Kundschaft verkaufen und finanzieren sich so teilweise selber. Für die Verkaufsförderung der Hersteller eignen sich hingegen Serienfenster, meist aus Kartonage und zum Zusammenstecken nach dem Baukastenprinzip, so dass individuelle Fenstermasse ausgenutzt werden können.
– Wenn auch der Lebensmittel-Einzelhandel – von gut geführten Tante-Emma-Läden abgesehen – seine Schaufenster für die Nutzung durch Dritte verschlossen (zugemalt und überklebt) hat, so stehen doch die meisten Fachgeschäfte zur Verfügung. Es ist eine Frage der Zeit, bis die Grossverteiler sich dieser Erlösquelle erinnern und sie aktiv – gegen Bezahlung, versteht sich – anbietet.
– Natürlich müssen auch herstellerorientierte Schaufensterdekors auf die legitimen Interessen der Händler Rücksicht nehmen – eine Parfumerie hat ein anderes Selbstverständnis (und eine andere Kundschaft) als das Do-it-yourself-Geschäft, ein Blumenladen ist keine Metzgerei. Und natürlich muss dieses – zum voraus akquirierte – Aktionswerbemittel in eine Gesamtkonzeption eingebunden sein.

# C, *die Planung*

## Vorgehen

- Die Ausarbeitung eines Verkaufsförderungskonzepts und die Planung geschieht mit Vorteil aufgrund eines Briefings (das manchmal spezifiziert werden muss) und anhand einer individuell entwickelten Checklist, die Antworten auf die Fragen festschreibt, was man wann, wo, wie und warum mit wieviel Geld, welchen Mitteln und welcher Aussage aktionsweise verkaufen will. Zum Beispiel so:
    - Situationsanalyse vornehmen
    - Zielsetzungen festlegen
    - Zielgruppensegmente bestimmen
    - Einsatzgebiete definieren
    - Aktions-Extra(s) bestimmen
    - Leitidee und Kampagnendesign kreieren
    - Massnahmen nach Zielsegmenten bestimmen
    - Massnahmen planen
    - Kostenaufwand budgetieren
    - Timing festlegen
    - Aktionspartner bestimmen
    - Aktionsmaterial produzieren
    - Werberaum reservieren
    - Verantwortlichkeiten verteilen
    - Testlauf durchführen
    - Letztmögliche Anpassungen vornehmen
    - Einsatz starten, Material streuen
    - Kontrollen durchführen
    - Schlussrapport erstellen
- Die Vielzahl der Einzelmassnahmen und der lange Zeitraum, der zwischen Vorbereitung und Einsatz liegt, verlangt zudem eine Systematisierung der Arbeit und ein minutiöses Timing. Der Überblick über die sich oft ändernde Gesamtheit sollte in einem chronologisch aufgebauten Organisationsplan visualisiert sein.

# Budgetierung

- Die zu erwartenden Kosten einer Verkaufsförderungsaktion – das erforderliche Aktions-Extra, eventuelle Konfektion und wahrscheinliches Handling sowie die Kommunikationsmassnahmen auf den verschiedenen Ebenen involvierter Zielpersonen – sind zu Beginn festzuschreiben.
- Anzustreben ist die Finanzierung der Verkaufsförderungsaktion und der Aktionswerbung aus dem Marketingbudget – nicht aus dem Werbeetat, der sich sonst nicht mehr ausreichend um die Pflege der Marke kümmern kann.
- Ideal wäre, die klassische Markenwerbung linear zur Durchführung von Promotionsaktionen aufzustocken, in der Praxis gibt es jedoch einen Split der Marketinggelder in Werbung und Verkaufsförderung von 70:30, 50:50, oft sogar – gefährlich! – 30:70.
- Unternehmenshygienisch und finanztechnisch sind die Methoden «Budgetierung by Massnahmen», «Budgetierung by Ertrag», «by Umsatz», «by Gewinn» jedoch so unerwünscht wie die – passive – «Budgetierung by Vorjahr», obwohl sie weiterum Anwendung finden. Lupenrein und unternehmenskonform ist einzig die – aktive – Budgetierung nach Zielen, die allerdings in die Gesamtheit unternehmerischer Tätigkeit eingebunden sein können. Dennoch verlangen die Ereignisse in der Praxis manchmal, vom Pfad der Tugend abzuweichen; dann kommt es zu einer – reaktiven – Budgetierung «by Konkurrenz» oder «by Handel», manchmal auch «by Überleben im Regal».

# Kontrollen

- Leider oft vernachlässigt, obwohl nach der reinen Marketinglehre selbstverständlich, ist die Überprüfung der Resultate sowohl intern als auch extern. Hierzu ist unerlässlich, zum Planungsbeginn präzise Gesamt- und Teilziele zu definieren, an denen die Resultate gemessen werden können.
- Die Kontrollen sind zu systematisieren, Formulare und Kontrollblätter sind hilfreich, Fragebogen üblich, etwa mit folgendem Inhalt:
  - Ziele?
  - Strategie?
  - Konzept?
  - Idee, Gestaltung?
  - Massnahmen?
  - Einsatz, Streuung?
  - Kunden?
  - Umsatz?
  - Kosten, Budget?
  - Timing?
  - Betreuung?
  - Persönliche Meinung?
  - Empfehlungen?
- Bereits zum voraus muss geklärt sein, wer für welche Kontrollen Verantwortung übernimmt, und die Resultate müssen eingefordert werden. Der Projektleiter wird sie in einen Abschlussbericht einbringen, der dann hoffentlich so hohe Umsatzsteigerungen ausweist, dass die Geschäftsleitung grünes Licht auch für künftige Verkaufsförderungsaktionen gibt.

# Buchbesprechungen

«Kein Wunder, gewinnt ausgerechnet das Team um Haisch den Schweizer Verkaufsförderungs-Preis» (Verkauf & Marketing)

«Im Bereich Verkaufsförderung ist Haisch Pionier in unserm Land» (Media-Trend-Journal)

«Wenn vom Promotions-Guru aus Basel die Rede ist, weiss die Branche, dass es sich nur um Haisch handeln kann» (Radio Extra B)

«Haisch hat die Verkaufsförderung in der Schweiz überhaupt erst thematisiert» (Basler Zeitung)

«Am Point of Sales macht Haisch keiner etwas vor» (Schweizerischer Apothekerverein)

«Die Fachwelt schätzt ihn als originellen Promotor der Sales-Promotion» (Werbe-Woche)

«Unbestritten die Führungsrolle» (Schweizer Manager)

«Haisch ist in Auftraggeberkreisen wie bei Mitbewerbern für seine unkonventionellen Ideen bekannt» (Marketing-Flash)

«Haisch präsentiert aus dem Fundus einer reichen Praxis überzeugend kreative Lösungen» (Idee)

Ausgerechnet ein Kreativ-Werber hilft den Schweizer Verkaufsleitern auf die Sprünge» (Merkur)

«Als Früheinsteiger in die Marketingdisziplin Verkaufsförderung hat Haisch beträchtlichen Vorsprung an Erfahrung» (VM International)

«Verkaufsförderung ist Animation. Haisch ist ein Animateur, der erst noch schreiben kann» (Bieler Tagblatt)

«Provokative Ideen» (Handel Heute)